Win Win Marketing*

*Marketing Gagnant-Gagnant

Le guide indispensable pour accroître vos bénéfices, gagner des clients et faire grandir votre entreprise dans le contexte mondialisé actuel.

Amy Foxwell

Victoire Publishing

www.amyfoxwell.com

Pour Dryden et Rostaing

Chérit ce que tu as, mais ne t'en contente pas.

Remerciements

Je remercie chaleureusement les personnes suivantes pour leurs
contributions :

Piet, Judy, Julia et l'ensemble de mes mentors pour m'avoir transmis
leur sagesse, au travail et dans la vie.

Mes parents pour m'avoir appris dès mon plus jeune âge l'honneur
que l'on retire d'un travail bien fait.

« Les filles » pour leur foi en les pouvoirs des *Supermamans*.

Liza, ma sœur d'armes.

Jean Sébastien pour son amour.

Table des Matières

Introduction: la Philosophie du Marketing Gagnant Gagnant

Il n'y a, à mes yeux, de succès plus gratifiant que celui atteint par le biais de négociations honnêtes et par l'adhésion totale au principe que, pour gagner, ceux avec qui nous faisons affaires doivent aussi gagner. - Alan Greenspan

Bienvenue dans la conception « Gagnant-Gagnant » des affaires et du marketing. La philosophie Gagnant-Gagnant est à la portée de tous et elle vous apportera plus de succès et de satisfaction dans votre travail que vous n'avez jamais imaginé. Car, si on va au fond des choses, les activités commerciales ne sont finalement qu'un échange de valeurs : vous donnez un produit ou un service à un client qui vous donne de l'argent. Donc, en toute logique, plus la valeur de ce que vous donnez est importante, plus vous gagnerez d'argent et plus votre affaire sera florissante. Porter son attention, non plus sur la valeur ou la quantité d'argent qu'un client nous donne mais sur celle que nous lui donnons est crucial, quelle que soit l'entreprise. En donnant plus à vos clients, vous serez récompensé, à terme, par une augmentation de vos revenus, des références, de nouveaux clients et plus encore.

www.amyfoxwell.com

En ayant travaillé pendant plus de 15 ans dans le marketing, je me suis rendue compte que les affaires les plus florissantes sont celles menées par des personnes qui n'oublient jamais qu'elles existent grâce à leurs clients. Leur raison d'être, c'est de proposer un produit ou un service exceptionnel qui émerveillera leurs clients et leur rendra la vie plus facile et plus agréable ; le client « gagne ». Et quand une entreprise applique ce principe, c'est toujours payant ; l'entreprise « gagne » aussi. Le client y gagne, l'entreprise y gagne ; c'est la philosophie Gagnant-Gagnant.

Le « Gagnant-Gagnant » est une philosophie qui s'étend au-delà de vos clients ; elle impacte toutes les personnes avec qui vous êtes en contact professionnellement. Si vos salariés sont contents, vous avez la garantie de vendre plus. Si vos partenaires sont contents, vous aurez plus de références. Arrêtez-vous et observez : vous allez découvrir une myriade d'opportunités dont vous et les autres pouvez bénéficier. Pour connaître le succès et vous épanouir pleinement, en ayant conscience que votre entreprise apporte véritablement de la valeur, la philosophie Gagnant-Gagnant doit influencer tout ce que vous faites, que ce soit dans vos rapports avec vos clients, vos partenaires, votre équipe ou vos fournisseurs. S'ils gagnent, vous gagnerez.

Ce livre est à la fois un aide-mémoire pour ceux qui travaillent déjà dans le domaine du marketing et, pour les néophytes, une initiation aux principes fondamentaux du marketing, mais aux principes ancrés dans le modèle du marketing Gagnant-Gagnant. Que ce soit pour revoir des notions ou les apprendre, utilisez le livre, au fil de votre lecture, pour faire le parallèle avec votre entreprise et assurez-vous que son fonctionnement est en tout point conforme à la philosophie Gagnant-Gagnant. Adoptez cette philosophie et laissez-la être votre guide principal. Utilisez-la activement pour prendre des décisions ou pour trouver des solutions en situation de crise. Si un client n'est pas satisfait de vos services, faites tout ce que vous pouvez pour renverser la situation. Si un employé a besoin d'un jour de congé en urgence, donnez-le-lui. Il y a de fortes chances pour qu'il vous rende la pareille en travaillant pour un service non planifié ou en vous trouvant le personnel dont vous avez besoin. Il y aura toujours des situations où l'on profitera de votre bienveillance mais les avantages que vous retirerez compenseront largement n'importe quel abus du système.

Concentrez-vous sur ce que les autres peuvent gagner ; au final, vous serez également gagnant.

Les Fondements

Un Mot sur le Marketing

Le Marketing est trop important pour être confié au service Marketing. – David Packard

Que vous soyez à la tête d'une TPE, d'une PME ou d'une grande entreprise, vous faites forcément du marketing, que vous le vouliez ou non. Mais une minute, qu'entend-on vraiment par « marketing » ? Vous allez me répondre : « C'est juste un peu d'auto-promotion élogieuse ici ou là et quelques brochures publicitaires », ou « Ce sont aux publicitaires et à l'assistant marketing de s'en occuper ». Et bien non, pas tout à fait. Le marketing, c'est la structure fondatrice de votre entreprise. Il repose en fait sur la capacité à comprendre vos clients, à répondre à leurs besoins, obtenir ainsi de nouveaux clients et tirer plus de revenus de la part de vos clients actuels. Les trois éléments les plus importants pour renforcer votre entreprise et la faire fructifier sont :

1. Comprendre les besoins du client
2. Obtenir de nouveaux clients
3. Tirer profit des clients existants

Même en ayant la chance d'avoir une équipe pour vous aider, vous devez quand même posséder une bonne connaissance du marketing car, pour être rentable, le marketing doit influencer chaque aspect de l'entreprise. Le succès ou l'échec de votre affaire dépend entièrement de votre capacité à acquérir de nouveaux clients et de la façon dont vous vous positionnez face à ces clients. C'est aussi simple que ça.

La bonne nouvelle, c'est que faire du marketing n'est pas aussi pénible qu'on l'imagine. Et vous n'aurez pas le sentiment d'être un VRP essayant d'écouler son stock d'aspirateurs. Au contraire, le véritable objectif du marketing repose sur la connaissance du marché et du consommateur, et sur un positionnement qui tient compte de ces éléments, de manière à répondre plus efficacement aux besoins du client. Il s'agit d'apporter le bon produit et le bon service aux bonnes personnes ; aux personnes pour lesquelles vos produits ont de la valeur. Il s'agit d'assurer un service client Gagnant-Gagnant à chaque étape.

J'ai évolué dans le domaine marketing une grande partie de ma vie : en travaillant au sein du camping familial KOA familial, en étudiant le marketing en Grande-Bretagne et à Paris, en travaillant comme consultante en stratégie marketing pour de grands comptes tels que Microsoft et Disney et en gérant ma propre entreprise. Au début de ma carrière, j'ai été intriguée par l'aspect « mi-scientifique, mi-artistique » du marketing. J'ai eu du mal à faire la paix avec mon sentiment de ne contribuer qu'à entretenir la société de consommation. C'est alors qu'est apparue une nouvelle génération d'entreprises, propulsée par les nouvelles technologies ; une génération marquée par la naissance du consommateur-roi. Ce nouveau contexte stimulant a ouvert la voie à une information généralisée et disponible immédiatement et a permis aux consommateurs d'exprimer leurs souhaits, leurs opinions et finalement de partager leurs décisions d'achat. Ce changement radical a obligé les entreprises, si elles souhaitaient réussir, à respecter les clients et à répondre à leurs exigences. C'est, au final, une grande avancée. En fait, les vraies affaires ont toujours suivi ce modèle mais, à présent, les consommateurs ont les outils pour rappeler les entreprises à l'ordre, et il vaut mieux y être préparé. C'est en ce sens que le marketing, et le marketing gagnant-gagnant plus particulièrement, doit être un élément central de la stratégie d'une entreprise. Il doit intervenir dans chaque décision, dans chaque action mise en place.

Pour réussir, vous devez comprendre et maîtriser le marketing Gagnant-Gagnant.

Tout ce que Vous Devez Savoir pour Augmenter vos Bénéfices

Concrètement, il y a 4 moyens d'accroître ses bénéfices :

1. Augmenter les prix
2. Baisser les charges
3. Avoir plus de clients
4. Vendre plus aux clients existants

Appliquez-vous à réaliser correctement ces 4 points et vous pouvez être certain de faire grandir votre entreprise. Tout le reste est superflu.

La pensée gagnante

Le premier pas indispensable pour obtenir ce que vous voulez dans la vie : décidez ce que vous voulez - Ben Stein

La visualisation est un outil puissant utilisé régulièrement par de nombreux hommes d'affaires accomplis, des athlètes et des leaders. Elle consiste à imaginer ce que vous voulez dans le but de l'obtenir. Cette pratique a fait l'objet de nombreuses études et s'appuie sur le constat que le cerveau ne fait pas la différence entre la réalité et l'imagination. En imaginant quelque chose fréquemment et suffisamment clairement, le cerveau y croira et fera tout ce qui est en son pouvoir pour vous aider à la réaliser. Ainsi, vous serez plus attentif aux opportunités qui s'offrent à vous et qui correspondent à vos objectifs. Si vous décidez d'ouvrir une nouvelle filiale, vous allez découvrir tout d'un coup, par hasard, l'annonce d'un local idéalement situé que vous auriez raté auparavant.

Quelques lignes de conduite en matière de visualisation :

*   Soyez très précis dans la définition de votre vision. Visualisez avec le plus de détails possible. Ajoutez des sons, des odeurs et ce que vous ressentez dans les moindres détails, le but étant de rendre la vision crédible à votre cerveau. Imaginez ce que vous

ressentez quand vos clients vous complimentent sur votre produit. Rappelez-vous : vous programmez votre cerveau pour accéder à ce que vous mettez en images, donc faites-le bien.

- Visualisez de façon active et dans le temps present. Dites : « Je suis comblé quand j'entends des gens s'extasier en parlant de mon entreprise » plutôt que « Je serais content si... ». Dites : « je suis heureux de dépenser mon argent, gagné durement, pour l'éducation de mes enfants » plutôt que « Quand mon entreprise vaudra 1 million d'euros, je serai... »

- Quand une pensée négative fait surface pour casser votre vision, isolez cette pensée, passez-là en noir et blanc, coupez le son, réduisez-la à la taille d'un grain de sable et imaginez que vous lui soufflez dessus.

- Procédez à cette visualisation quotidiennement. Quand vous vous levez le matin et avant d'aller dormir. Vous pouvez aussi réaliser un tableau de vos visions, rassemblant des photos, illustrations et citations qui vous inspirera quand vous le contemplerez.

- Vous devez visualiser chaque détail de votre vie, et non uniquement vos objectifs professionnels. Imaginez la maison dans laquelle vous vivez, les vacances que vous prenez, le temps que vous passez avec vos enfants.

- Rappelez-vous : il n'y a aucune limite. Plus vous visualisez, plus vous avez de chance d'accéder à cet objectif. Si vous n'êtes même pas capable d'imaginer le succès, il est certain qu'il ne passera pas par vous.

Pour commencer, remplissez un tableau d'objectifs comme celui-ci. Assurez-vous que chaque objectif est mesurable, précis et défini dans le temps.

Relationnel	Financier	Professionel	Associatif	Personnel

A maintes reprises, la visualisation a été reconnue comme une ressource précieuse et gratuite : exploitez son potentiel !

Le Chemin vers le Succès

"Visez la lune. Si vous la ratez, vous atterrirez parmi les étoiles."– Les Brown

Soyons réalistes : vous avez plus de chance d'atteindre une cible avec les yeux ouverts et en visant cette cible. Sans vision, comment saurez-vous où vous allez ou quand vous allez y arriver ? Comment saurez-vous de quelle manière vous allez améliorer la vie de vos clients ?

Faire des affaires, c'est comme n'importe quel autre voyage : vous devez savoir où vous allez, avoir une carte et un itinéraire pour vous y rendre. Sans cette vision, vous risquez fort de tourner en rond ou d'errer à travers champs. Les fleurs des champs ont peut-être l'air joli, mais le fait est que vous n'allez nulle part. Pour réussir à long terme, un chef d'entreprise a besoin d'une vision et d'objectifs clairs. Cette vision donne un but aux actions de l'entreprise, motive les employés et les clients, et donne de l'énergie à l'activité.

Prenez pour exemple la vision de McDonald: *« Etre la meilleure solution commerciale de restauration rapide au monde. Etre le meilleur signifie fournir une qualité irréprochable en termes de service, de qualité,de propreté et de valeur, pour faire sourire chaque client, dans chaque établissement »,* ou celle de Budweiser: *« Avec nos produits, nos services et notre relationnel, nous contribuerons à la joie de vivre collective ».* Ces citations sont nobles et inspirantes et comprennent vraiment l'idée d'améliorer le monde autour d'eux.

En commençant à développer votre stratégie marketing et d'entreprise, la première chose que vous devez faire est de mettre sur papier votre propre vision, votre mission et vos objectifs à court, moyen et long terme. Si vous êtes juste en train de vous installer, ça vaut la peine de passez du temps à réfléchir longuement sur votre destination et comment vous envisagez d'y arriver. Si vous êtes dans le business depuis quelques temps, c'est le moment de dépoussiérer vos objectifs en vous les remettant en mémoire et en leur donnant un coup de neuf. Et ne partez pas du principe que ce sont des exercices théoriques dont seuls les grands hommes se soucient. N'importe quelle entreprise, que ce soit une multinationale ou la boutique du coin, doit savoir où elle va pour réaliser ce que les dirigeants ont décidé de faire. Et c'est la passion pour ce que vous faites et la visualisation de votre destination qui vont, au final, vous apporter le succès.

Vous souvenez-vous de ce que vous souhaitiez accomplir au tout début de votre carrière professionnelle ? Quelle différence souhaitiez-vous faire au sein de votre profession ? Comment alliez-vous changer positivement la vie des gens ? Mettez votre casquette Gagnant-Gagnant. Votre vision doit être centrée sur le client. Comment allez-vous améliorer le monde avec ce que vous faites ? Allez-vous aider les gens à avoir une vie de meilleure qualité en vendant des produits biologiques ? Allez-vous proposer des conseils législatifs à des associations ? Peu importe ce qu'était votre vision, prenez le temps de visualiser ce que vous voulez faire et où vous allez avec votre entreprise.

La seule chose que tous les hommes accomplis ont en commun, athlètes, hommes d'affaires, artistes ou grands auteurs, c'est une vision claire.

Pouvez-vous voir l'avenir ?

Le commencement est la partie la plus importante du travail. – Plato

Pensez au futur : où serez-vous et où sera votre entreprise dans 5, 10 ou 20 ans ? La stratégie de sortie est un élément clé que beaucoup de chefs d'entreprises omettent de planifier. De quoi aura l'air la fin de votre projet ? Vendrez-vous votre entreprise ou bien souhaitez-vous le transmettre à vos enfants ? Combien de temps pensez-vous être dans les affaires : 5, 10 ou 50 ans ? Continuerez-vous à le diriger ou changerez-vous de statut pour devenir un associé passif ? Voulez-vous créer une chaîne ou rester le commerce du coin ? Vendrez-vous des franchises ou garderez-vous toutes les filiales sous votre contrôle ? Autant de questions essentielles qui modifierons beaucoup de vos décisions, depuis la création et l'installation de votre entreprise, jusqu'aux décisions stratégiques sur les investissements à faire et la façon de diriger l'entreprise. Ne laissez-pas ces questions au hasard où vous risquez de vous retrouver dans une situation à l'opposé de celle que vous souhaitiez et éloignée de vos objectifs.

Décidez aujourd'hui à quoi ressemblera votre situation dans 10 ans.

www.amyfoxwell.com

Il était une fois

La mauvaise nouvelle c'est que le temps s'envole. La bonne nouvelle, c'est que vous êtes le pilote. - Michael Althsuler

Ne laissez pas de côté la vision de votre mode de vie. Vivre une vie qui ressemblerait à votre vie idéale est, après tout, l'objectif final ? Pensez à la manière dont vous aimeriez vivre maintenant, dans 5 ans, 10 ans et plus. Combien de temps souhaitez-vous travailler ? Combien souhaitez-vous gagner ? Quels seraient vos loisirs ? Les chefs d'entreprises doivent faire face à une activité incessante et ne comptent pas leurs heures de travail. Avoir une image de votre mode de vie est crucial si vous ne voulez pas finir comme ces milliers de personnes en proie au syndrome du « burn-out », épuisées par le travail qui se demandent comment ils en sont arrivés là.

Ne perdez jamais de vue votre objectif final.

Mission Contrôle

Une entreprise doit faire des bénéfices, sinon elle meurt. Mais si quelqu'un essaie de diriger une entreprise dans un but purement mercantile... Alors l'entreprise mourra aussi car elle n'aura plus de raison d'être.– Henry Ford

Une fois que vous avez votre vision, vient le moment de determiner la mission de votre entreprise. Cela vous semble probablement être un exercice futile, mais une mission donne la direction future de votre entreprise et exprime les bénéfices client.

Une mission se résume en une phrase qui décrit la raison d'être principale de l'entreprise et la manière dont elle va tenir ses promesses. Ce ne doit pas être seulement de jolis mots. Elle doit définir votre but, la raison pour laquelle vous vous levez le matin et pourquoi vos clients doivent venir dans votre établissement. Dans la mission de l'entreprise Sainsbury, vous comprenez immédiatement ce qui les tient en activité : *« Etre le premier choix des clients pour leur approvisionnement en produits alimentaires grâce à des produits de première qualité et un service client d'excellence, à un coût compétitif en travaillant ensemble plus vite et plus simplement ».*

En préparant la phrase de votre mission, demandez-vous :

- Quel est le but de l'entreprise ?
- A qui je sers ? Qui sont mes clients ?
- A quels besoins est-ce que je réponds ?
- De quelle manière est-ce que je réponds à ces besoins ?
- Quelles valeurs sont véhiculées par mon entreprise ?

Prenez le temps de trouver les meilleures réponses à ces questions. Parlez-en à vos amis, votre famille, vos partenaires et vos employés à long-terme. Réfléchissez à vos valeurs et à votre philosophie.

Maintenant, écrivez votre phrase-mission :

1. Notez ce que fait votre entreprise, sans vous soucier de la forme pour l'instant : « mon entreprise vends des produits biologiques à des prix abordables », « mon entreprise offre un moment de bien-être de grande qualité dans un spa haut de gamme », « mon entreprise aide les gens à voyager et à découvrir des endroits merveilleux ».

2. Maintenant, décrivez la manière dont vous arrivez à ce résultat. Quelles valeurs centrales et compétences utilisez-vous dans votre façon de travailler ? « fournir des services de haute qualité », « des solutions créatives pour les entreprises », « une ambiance unique ».

3. Ajoutez la raison, le moteur, la passion derrière ce que vous faites. Pensez aux motifs pour lesquels, au départ, vous avez créé votre entreprise. « Pour donner aux gens l'accès à une alimentation équilibrée », « élargir l'horizon des gens », « donner du plaisir »

Quand vous avez terminé, combinez ces 3 idées dans une même phrase. Vous pouvez jouer avec les mots pour donner à votre mission le ton inspirant qu'elle mérite. Gardez-la à portée de main. Mettez une copie sur votre bureau, dans votre hall d'accueil, dans le vestiaire de vos employés. Assurez-vous que tous vos employés connaissent, sont familiarisés et croient en votre mission. C'est votre cri de ralliement, votre motto, votre raison de vivre. Affichez-la sur les murs et n'oubliez pas de la relire régulièrement, en faisant le suivi de vos accomplissements qui y correspondent. Ne la laissez pas faire partie du décor. Sortez-la et demandez à votre personnel d'en citer des passages au début de chaque réunion. Communiquez-la à vos clients pour qu'ils sachent qui vous êtes et ce pour quoi vous vous battez. Il est important de se rappeler que, si les gens comprennent ce que vous faites et où vous allez, ils pourront plus facilement vous aider à atteindre ce but. Vous vous rendrez compte avec plaisir que la plupart des gens souhaitent vous aider à atteindre vos objectifs, mais pour cela, ils doivent les savoir ce qu'ils doivent faire.

Votre mission doit être motivante. Elle rassurera vos clients. Elle donnera de l'énergie à vos employés. Elle donnera des résultats mesurables.

www.amyfoxwell.com

BUT !

Les objectifs sont des rêves que nous transformons en projets et en actions à accomplir. - Zig Ziglar

Les objectifs divisent votre vision en petits bouts de travail réalisables. C'est le lien entre vos idées et la réalité, votre moteur et ils sont absolument essentiels pour que vous puissiez avancer vers votre vision finale. Une fois que vous avez une vision et une mission, commencez à étoffer les objectifs à court, moyen et long terme que vous devez atteindre pour y parvenir. <u>Ne sautez pas cette étape</u> ! Vos objectifs vous aideront à réduire vos activités quotidiennes en portions gérables qui n'auront pas l'air irréalisables et vous permettront de rester sur les rails. Disons que vous souhaitez mettre en place un service de livraison pour votre entreprise – les objectifs à court terme peuvent être de décider quels services offrir et à quel prix. Les objectifs à long terme seront d'établir un partenariat stratégique pour faire la promotion du service. Dans ses activités quotidiennes, l'ensemble de votre équipe, jusqu'au salarié qui vient d'entrer dans l'entreprise, doivent être en relation directe avec vos objectifs. Ils doivent être eux aussi au courant de chaque activité au sein de l'entreprise et de la manière dont cette activité remplie les objectifs de l'entreprise. Une Directrice du management accomplie avec qui j'ai eu l'occasion de travailler avait l'habitude de choisir au hasard un membre de son équipe et lui demandait de lui citer les 5 principaux objectifs de l'entreprise à chaque réunion interne qu'elle organisait. Aucun besoin de dire qu'il s'agissait de personnes concentrées sur leurs objectifs. Et il n'était pas surprenant que son équipe remplissait toujours ses objectifs annuels.

La clé pour des objectifs utiles est de s'assurer qu'ils sont mesurables et ont une limite dans le temps, afin de pouvoir établir des statistiques et voir si vous avez atteint vos objectifs ou non. Par exemple, à la place de l'objectif « vendre beaucoup de livres », votre but devrait être « vendre 500 livres dans les 3 premiers mois de 2012 ».

En établissant vos objectifs, pensez en parallèle aux grandes lignes de :

- Sensibilisation (combien de personnes connaissent mon entreprise ?),

- Acquisition (combien de nouveaux clients à obtenir et à quel coût ?),

- Rétention (est-ce que vos clients reviennent ? Avez-vous une stratégie pour qu'ils vous rapportent plus d'argent ? Est-ce qu'ils vous donnent des références ?)

- Efficacité de l'entreprise (Faites-vous la plus grande marge possible sur les produits, pouvez-vous réduire les coûts, est-ce que votre prix est assez élevé, etc.)

Enfin, vérifiez constamment que chacune de vos activités stratégiques se nourrit et satisfait un de vos objectifs. Si ce n'est pas le cas, ne perdez pas d'argent et d'effort là-dessus.

Des objectifs explicites, qui ont une limite dans le temps et qui sont mesurables sont les fondations pour construire une entreprise.

Mesurez Votre Chemin vers l'Augmentation de vos Bénéfices

De toutes les théories marketing, une des plus importantes à mettre en oeuvre réside dans le concept de système de mesures : mesurez toutes vos activités, analysez leur efficacité, laissez tomber celles qui ne sont pas efficaces et utilisez plus celles qui le sont. C'est un concept simple et qui, si appliqué, transformera vos dépenses marketing en investissement (chaque euro dépensé apporte x revenus) au lieu d'un coût (chaque campagne marketing coûte x). Ce qui rend votre entreprise encore plus rentable.

Les spécialistes du marketing et les grands entrepreneurs savent que tout ce qui est mesuré progresse. Si vous faites le suivi de vos ventes, elles augmenteront. Si vous faites la traçabilité de votre taux de plaintes, il finira par baisser. C'est un phénomène logique. Si vous concentrez votre attention sur quelquechose, vous découvrez forcément quels sont les problèmes, ce qui doit être rectifié, et vous pouvez alors vous améliorer.

Et bizarrement très peu de personnes appliquent ce principe, y compris parmi vos concurrents. Mesurer tout que vous faites peut vous permettre de créer, grâce au marketing, un avantage concurrentiel.

C'est aussi une façon de voir le marketing comme une base à partir de laquelle vous allez pouvoir vous améliorer et non plus seulement comme un résultat binaire (échec ou réussite). Si votre annonce ne fonctionne pas, au lieu de vous tourmenter sur une campagne ratée, vous pouvez simplement l'améliorer et voir comment ça fonctionne. Un de mes collègues a un jour appelé ça « échouer rapidement ». Ce qu'il voulait dire par là, c'est qu'il vaut mieux essayer de nombreuses activités marketing en petite quantité, observer les résultats, et si vous voyez que ça ne fonctionne pas, changer.
En d'autres mots, n'ayez pas peur de faire de nombreux essais. Inspirez-vous d'autres domaines d'activité, regardez ce que font vos collègues et développez des partenariats. Assurez-vous de mesurer tout ce que vous faites et utilisez cette connaissance pour prendre plus de décisions.

Les spécialistes du marketing mesurent l'efficacité en continu d'absolument tout ce qu'ils font. Ils testent de nombreuses alternatives et, s'ils réussissent, ils continuent dans cette voie. S'ils échouent, ils suppriment l'activité en question. Ces chefs d'entreprises et managers accomplis ont aussi mis en place un ensemble de mesures standardisées qui leur servent de repères pour mieux comprendre leur enterprise. Il est probable que vous ayez des mesures déjà en place, comme votre revenu moyen par tête et votre marge sur certains produits et services. Ils vous aideront à mieux gérer ce que vous produisez, à établir plus précisemment votre prix de vente et ce que vous vendez. De manière similaire, il y a aussi des unités de mesure importantes que vous pouvez utiliser pour gérer vos dépenses marketing et vos activités.

L'utilisation assidue des mesures est un des secrets les plus important du succès.

Combien Vaut votre Client ? Calculer sa Valeur Actualisée.

Une des bases des mesures d'un business, et un des éléments les plus important du cycle de vie de vos clients est ce qu'on appelle la valeur actualisée du client ou LTV (Lifetime Value), qui représente simplement ce que vaut un client pendant la durée de sa relation avec votre entreprise. Le calcul de la LTV est important pour deux raisons : connaître combien vous souhaitez dépenser pour obtenir le client et combien vous pouvez dépenser une fois que vous l'avez.

Déterminer la valeur actualisée d'un client vous permettra de savoir combien dépenser pour « acheter un client ». Pendant la durée de la relation entre un client et vous, s'il vaut 1 000 €, combien êtes-vous prêt à dépenser pour obtenir ce client ? 2 € ? 200 € ? 500 € ? Cela vous permettra de déterminer le montant de votre budget marketing et de dépenser ensuite cet argent. Très rapidement, vous ne percevrez plus le marketing comme un coût mais comme un investissement. Vous allez VOULOIR dépenser de l'argent dans le marketing car vous saurez que plus vous dépensez, plus vous gagnez. Néanmoins, pour faire cela, vous devez comprendre a) combien vaut un client pour vous et b) quelles sont les activités marketing qui fonctionnent et quelles sont celles qui vous coûtent de l'argent.

Il existe de multiples méthodes complexes pour calculer la Valeur Actualisée du Client (LTV) , comme les amortissements, les marges bénéficiaires, etc. Mais on peut se servir de la logique, et obtenir la Valeur Actualisée du Client d'une manière plus simple. Prenez le montant moyen qu'un client dépense dans votre entreprise et multipliez-le par le nombre de fois qu'il travaille avec vous dans l'année. Ensuite, multipliez ce chiffre par le nombre d'années que vous prévoyez de le conserver comme client (par mesure de précaution, nous conseillons de ne pas dépasser 3 ans).

Par exemple :

> LTV pour le client John Smith

Facturation moyenne	50 €
Nombre de visites	x 12
Valeur annuelle	600 €
Sur 3 ans	1 800 €

Vous pouvez (et devez) faire la même chose pour vos groupes de clients de même profil, en faisant une moyenne pour chaque groupe. Soyez préparé : vous pouvez vous rendre compte que le groupe de clients que vous aimez le moins est en fait le plus rentable !

Le calcul LTV vous permettra de cibler les groupes les plus rentables et de déterminer les dépenses marketing à allouer à une campagne vers une cible spécifique.

www.amyfoxwell.com

Assurer un Retour sur Investissement

Le ROI (Returm on Investment, ou Retour sur Investissement) sert à mesurer la performance d'un investissement par rapport à un autre. Le ROI est exprimé sous forme de pourcentage et est calculé sur les retours d'une période définie, généralement une année. Par exemple, un ROI annuel moyen de 25% signifie que 100 euros investis rapporteront 25 euros en un an, donc, après un an, l'investissement total devient 125 euros. Le ROI se calcule facilement en divisant le chiffre d'affaires total généré par une activité marketing par les dépenses marketing de cette activité.

Gains/dépenses marketing = ROI.

Par exemple :

Coût d'une campagne de newsletter :

Production de la newsletter	50 €
Impression	0,25 € par copie
Envoi	0,45 € par copie
Nombre de destinataires	200
Coût total	190 €

Résultats de la campagne :

5% gain	10 clients
Gain moyen/client	40 €

www.amyfoxwell.com

Gain total   400 €

Le ROI est donc de 400/190, soit 210%

Mais il s'agit seulement du ROI d'une activité isolée. Si vous êtes dans le contexte d'une Valeur Actualisée de 3 ans pour ces clients, le ROI est de 632%. Cela illustre clairement pourquoi il vaut mieux garder un client qu'en obtenir constamment un nouveau.

Vous pouvez aussi determiner le coût de l'acquisition de chaque client. On appelle cela le CPA (Coût par Acquisition). Pour ce faire, prenez simplement vos coût marketing et divisez-les par le nombre de nouveaux clients obtenus.

Dépenses marketing / nouveaux clients = CPA.

Dans le cas précédent, le CPA est de 190/10 = 19 €

C'est à vous de decider si le client vaut 19 € ou pas et si vous renouvellerez cette opération. Ou mieux, si vous la modifiez légèrement (changer l'offre, le titre, ou toute autre variable), essayez à nouveau en prenant en compte ces modifications, et voir si vous pouvez augmenter le ROI et réduire le CPA.

En utilisant ces unités de mesure, vous pouvez :

a)   Classer vos clients en fonction de leur rentabilité, en vous concentrant sur l'obtention et la conservation de plus de clients d'un même profil, tout en éliminant ceux qui, par nature, vous font perdre de l'argent.

b) Trier vos activités marketing en fonction de leur rentabilité, en poursuivant celles qui fonctionnent bien et en supprimant celles qui ne fonctionnent pas.

Les calculs ROI et CPA vous indiqueront clairement l'activité marketing à conserver et celle à éliminer.

Les Clés pour Utiliser les Chiffres

En mettant en place les outils de mesure dans votre entreprise, gardez les éléments suivants à l'esprit :

- Suivez chaque programme et impliquez votre personnel, en les rendant responsables et en récompensant les comportements positifs.

- Déterminez précisément ce que vous allez mesurer (ventes, satisfaction client, fréquence des visites, nouvelles ventes) et faites-en le suivi dans le temps.

- Réfléchissez sur la façon d'améliorer chaque activité en étant ouvert aux idées de vos équipes et de vos meilleurs clients.

- Continuez de modifier et d'essayez de nouvelles activités en analysant et en comparant les résultats. Vous pouvez aussi essayer 2 versions d'un même programme et voir lequel des deux fonctionne le mieux. Mais rappelez-vous de ne modifier qu'une seule variable à la fois (ne changez pas à la fois la cible de votre communication et le titre de votre document car vous ne saurez pas ce qui a fait la différence).

- Prenez la decision de conserver ou d'éliminer une activité. Si vous décidez de la garder, incorporez-la dans votre processus marketing systématisé.

- Gardez un enregistrement de ce que vous avez fait et des résultats obtenus. Vous pouvez utiliser ces informations pour de futures campagnes.

Mesurez, mesurez, mesurez.

POINTS D'ACTION : FONDATIONS

☐ Tirez parti du pouvoir de visualisation. Prenez quelques minutes, tous les jours, pour visualiser ses objectifs.

☐ Ayez une stratégie de sortie

☐ Assurez-vous que toutes les personnes en contact avec votre entreprise connaissent votre mission et y croient.

☐ Rédidez votre « elevator speech » (courte présentation de votre entreprise). Si vous ne pouvez pas présenter votre entreprise à un client potentiel dans le temps qu'il vous faut pour monter quelques étages en ascenseur , alors votre phrase mission est trop longue et trop compliquée.

☐ Les entreprises florissantes sont centrées sur le client : votre vision doit rendre la vie meilleure pour vos clients.

☐ En définissant vos objectifs, assurez-vous qu'ils sont mesurables et ont une limite dans le temps.

☐ Mettez en place des systèmes de mesure pour diriger votre entreprise et vos activités marketing (LTV, CPA, ROI, etc).

☐ Vos ressources et votre énergie sont limitées : ne faites rien qui ne va pas dans le sens de l'atteinte de votre vision, de votre mission et de vos objectifs.

Le Client

Votre Atout le plus Important

...c'est le client qui détermine, à la fin de la journée, qui est vainqueur et pour quelle raison. - Gerry Harvey

Votre base client est véritablement votre carte maîtresse et votre priorité doit être d'en prendre soin. Pour que votre entreprise réussisse, vous devez développer cet atout en augmentant le nombre de vos clients et en tirant plus d'eux. Pour cela, encore une fois, nous retournons à la philosophie du gagnant-gagnant. Si votre client tire profit de sa relation avec vous, il est certain que vous en obtiendrez d'autres, que vous les garderez et que vous obtiendrez plus d'eux.

Votre base client est un atout précieux et toutes vos décisions d'entreprise doivent être prises avec pour priorité la conservation et le développement de votre base client.

Savez-vous qui est votre client ?

"...le but du marketing est de rendre le processus de vente superflue. Le but du marketing est de connaître et de comprendre le client à tel point que le produit ou le service lui corresponde parfaitement et se vende par lui-même." - Peter Drucker

Pour commencer, comme vous le faites dans la vie de tous les jours, vous aurez besoin, pour interagir avec vos clients, d'identifier à qui vous parlez et ce que vous avez à dire. Vous ajusterez votre message et la façon de le transmettre en fonction de votre interlocuteur. Après tout, vous ne discuteriez pas de la prochaine élection présidentielle avec vos enfants en bas âge et vous n'expliqueriez pas pourquoi on doit se laver les dents à vos invités lors d'un dîner. Votre « auditoire » décrocherait très rapidement. Vous faites cela naturellement pour être pertinent, pour être écouté et pour avoir des échanges de valeur avec les autres. C'est la clé pour communiquer vos messages personnels et elle le sera également, à une échelle plus importante, pour vos messages d'entreprise. Vous avez besoin d'identifier votre cible et de communiquer avec elle de façon appropriée. Si vous réussissez à parler le même langage et à ce qu'elle se sente comprise et écoutée, vous ne gagnerez pas seulement des clients, vous pourrez alors facturer un supplément pour vos services et produits. C'est comme si vous étiez l'invité le plus apprécié d'une soirée. Vous parlerez de ce qui intéresse les autres et vous raflerez toutes les opportunités d'affaire.

Mais qui est exactement VOTRE client idéal ? Le connaissez-vous seulement ? Où trouver cette information ?

Le secret est de commencer à étudier votre propre base de données client (ou, si vous démarrez, la base de données client d'une entreprise similaire à la vôtre. Dans ce dernier cas, il s'agira de passer du temps dans cette entreprise, en notant comment sont les gens, qui ils sont, ce qu'ils portent, combien ils dépensent, etc.). Je me souviens très bien du temps où j'étais enfant, me tenant avec ma mère et mon père au bord d'une voie rapide, près de notre hébergement de tourisme, observant les allées et venues des véhicules. En regardant leurs clients potentiels, mes parents collectaient des informations pour mieux les comprendre et pour mettre au point la meilleure approche possible. Ce sont vos cibles. Etudiez chaque détail. Est-ce que ce sont des hommes ou des femmes ? Quel âge ont-ils ? Où vivent-ils ? Combien gagnent-ils ? Où vont-ils chercher leurs informations ? Rassemblez ces données dans un tableau en identifiant, pour chacun de vos clients, ses détails démographiques, phychographiques et son train de vie. Servez-vous ensuite de ce fichier pour construire une vision globale de votre base client (quels types de clients me rapportent le plus ? Qu'est ce qu'ils recherchent ? Qu'est ce qu'il attendent ? Qu'est-ce qu'ils lisent ? Où passent-ils leur temps et leur argent ? Comment puis-je les toucher ?

Les informations essentielles à rassembler sont :

- Démographiques (description physique : âge, sexe, revenus, situation géographique, etc.)

- Psychographiques (description émotionnelle des valeurs, peurs et des moteurs décisionnaires auxquels votre entreprise peut répondre)

- Mode de vie (magazines, presse, vacances, etc.)

- Combien vous rapportent-ils ?

- Identification de leurs problèmes, besoins, désirs et de la valeur qu'ils recherchent.

- Habitudes de consommation (sont-ils dépensiers ? Quelle est la fréquence d'utilisation de votre produit ou service ?

- Comment les toucher (publications, réseaux, partenaires, etc.) ?

Vous pouvez utiliser un simple fichier excel comme celui-ci :

Nom	Client, Prospect Presse VIP	Code postal	Email	Date de naissance	Dépense moyenne	Presse locale	Autre
Julie Morel	Client	x	ss@jjj	12 /6	50 €	France 3	Propriétaire de chien
Marc Roux	Prospect	x	m@jj	à confirmer	à confirmer	à confirmer	à confirmer

Une solution plus complexe consiste à utiliser un logiciel de gestion de la relation client (CRM - *Customer Relationship Management*) comme Goldmine ou ACT. Utilisez la base de données pour filtrer et manipuler l'information, pour trouver des groupes de personnes avec des caractéristiques similaires (c'est important pour comprendre votre base de données et plus tard communiquer avec les clients). Dès que vous avez une idée générale sur ce que sont ces personnes et comment elles fonctionnent, faites un portrait de quelques types de clients ou profils idéaux. Utilisez toutes les informations et faites un portrait de ces personnes idéales sur un ou deux paragraphes, comme si elles étaient assises en face de vous. La formule suivante peut aider :

Description physique + Besoin + Comportement d'achat + Meilleur moyen de communiquer avec = Client idéal

Un exemple de client type pour un restaurant peut ressembler à :

Familles de classe sociale dans la moyenne supérieure, avec en moyenne 2 enfants de moins de 10 ans. Ils mangent à l'extérieur le weekend et dépensent environ 150 euros par famille. Ils sont prêts à payer pour la qualité mais doivent respecter un budget. . Ces familles consomment peu d'alcool et préfèrent des aliments frais et biologiques. Ils sont sensibles à l'ambiance et à la décoration. Ils lisent le journal local, . comme le Evening Sun et sont engagés dans plusieurs associations et événements communautaires comme la Croix Rouge et des associations de parents d'élèves.

Toutes les entreprises, grandes ou petites, devraient avoir identifié quelques profils bien definis, entièrement maîtrisés et de grande valeur, qu'elles ciblent et pour lesquels elles sont en activité.

Pour obtenir et conserver des clients, vous devez savoir ce qu'ils veulent, ce qu'ils sont et comment les séduire. Il est vital de connaître ses clients encore mieux que les membres de sa propre famille !

Niche is Nice: Trouver et Profiter des Niches Marketing

Les secteurs d'expertise très pointus peuvent être très productifs. Développez votre propre profil. Développez votre propre niche. - Leigh Steinberg

En mettant en place une niche bien définie, votre activité marketing pourra être plus ciblée et donc plus efficace, et vous bénéficierez également du meilleur produit ou service pour répondre à leurs besoins. Etroit et spécialisé est plus efficace que large et générique. Néanmoins, en définissant votre cible, vous devez vous assurer que la clientèle de votre niche est suffisamment étendue, facilement accessible et a du pouvoir d'achat ! Si vous êtes déjà en activité et que votre niche ne satisfait pas ces critères, redéfinissez votre offre pour l'étendre à une autre niche qui possède ces caractéristiques. Si vous débutez votre activité, gardez toujours ces éléments à l'esprit pendant le développement de votre stratégie d'entreprise.

Ces niches vont vous permettre de traiter avec vos clients de la manière la plus spécialisée et la plus personnalisée possible. Il s'agit d'appliquer à l'entreprise le principe de « Comment se faire des amis et influencer les autres ». Maintenant que vous avez quelques personnes assises en face de vous, tout ce que vous avez à faire est de trouver plus de personnes de ce type et leur parler de ce qui les intéresse. Quand vous connaîtrez précisément votre client idéal, ce que vous leur direz aura un écho. En parlant à un groupe ciblé, en utilisant un vocabulaire spécialisé pour aborder des problématiques particulières et montrer que vous les comprenez, et en développant des produits et services spécifiques, vous remporterez beaucoup plus d'affaires qu'en essayant de tout faire pour tout le monde. Est-ce que les services de grande qualité sont importants pour vos clients ? Alors vous devriez définir vos offres explicitement. Est-ce la simplicité d'utilisation qui est importante ? Alors développez et faites la publicité de vos activités et de vos conférences professionnelles. Vous gagnerez des clients, vous les fidéliserez et vous pourrez facturer un supplément pour ces services personnalisés.

Ce savoir et une connaissance approfondie de votre base client devraient diriger ce que vous dites, où vous placez vos annonces publicitaires, le développement de vos produits et services et la plupart de vos decisions d'entreprise. Si vos clients sont de jeunes familles, il faudra penser à insérer des publicités dans des magazines gratuits sur les activités des enfants et établir un partenariat avec le parc d'attraction local. Vous parlerez des supers activités pour les enfants et du service événementiel que vous fournissez. Vous irez là où les jeunes familles sont et vous leurs parlerez de sujets importants pour elles.

Choisissez et définissez avec soin quelques niches client spécifiques et :

- Spécialisez votre vocabulaire

- Personnalisez votre message

- Spécialisez vos services et vos offres

- Facturez un supplément pour les services personnalisés

Faites en sorte de connaître vos clients, concentrez vos efforts marketing sur quelques profils ou niches qui prévalent et, plus important encore, sur les niches qui vous rapportent le plus.

Votre Activité Marketing la plus Rentable : le Questionnaire de Satisfaction

Maintenant, vous vous demandez certainement comment obtenir ces informations sur vos clients. Vous avez peut-être collecté des éléments en créant des liens avec vos clients réguliers. Et ce serait une bonne idée de faire un groupe de vos meilleurs clients qui serait un groupe spécial « ambassadeur » disponible pour répondre à vos questions et donner leur opinion. Vous pouvez formaliser ce groupe en leur donnant un nom et des privilèges particuliers ou vous pouvez simplement le mettre en place de manière informelle et en interne. Dans tous les cas choisissez environ 25 de vos meilleurs clients et demandez leur ce qu'ils aiment, ce dont ils ont besoin, leurs idées pour développer l'entreprise.

Mais que fait-on de toutes ces autres personnes ? C'est là que les questionnaires de satisfaction deviennent irremplaçables. Cela va de soi que si votre client est votre meilleur atout, lui parler directement est un outil extrêmement utile. Vous collecterez non seulement des informations sur vos clients, mais ce sera également une opportunité de communiquer avec eux par le biais de promotions ou d'informations de choix pour construire une relation fructueuse.

N'oubliez pas, il est plus simple (et moins cher) de négocier avec des clients existants qu'avèc des prospects et cette base de données client sera vite, pour vous, d'une valeur inestimable. Continuez d'ajouter à votre base de données chaque client et client potentiel. Quelle que soit votre activité, vous pouvez et vous devez trouver un moyen de parler avec vos clients après chaque collaboration. Découvrez, à partir des retours de vos clients, ce que vous faites bien et les points que vous devez améliorer. Pour y parvenir, les questionnaires de satisfaction se révèlent être des outils marketing d'une simplicité et d'une efficacité étonnantes. Ce sont principalement de mini sondages transmis à la fin d'une transaction. Envoyez-le à un client avec sa facture, après un service rendu ou juste avant qu'ils reçoive sa facture. Quand c'est possible, demandez à vos employés de le délivrer en main propre afin de pouvoir expliquer en direct au client que son retour d'expérience est important pour vous. Vous pouvez le rendre plus attractif en donnant une chance de gagner quelquechose, mais pour faire plus simple, vous pouvez juste demander aux personnes de dire ce qu'elles pensent en toute honnêteté. La plupart des gens aiment donner leur opinion, spécialement les personnes qui ont apprécié le service rendu (qui sont, après tout, vos meilleurs clients et ceux avec qui vous avez envie de développer une relation) ou des clients insatisfaits (que vous voulez apaiser pour réduire un bouche à oreilles néfaste). Assurez-vous que votre personnel saisit bien le but du sondage (pour mieux comprendre le client et répondre à ses besoins). Si vous avez une activité de service ou une activité sur internet, utilisez un logiciel de sondages tel que

www.surveymonkey.com qui permet de collecter efficacement les informations. Assurez-vous que le sondage ne fasse pas plus de 8 questions : plus long, les gens n'y répondront pas. Et assurez-vous de récupérer leur adresse email. Demandez de quelle façon ils ont connu l'entreprise, s'ils la recommanderaient, à quels besoins vous répondez et leurs suggestions. Dites clairement pourquoi vous avez besoin de leurs coordonnées, en expliquant que vous leur enverrez des offres et des informations et n'oubliez pas de leur demander la permission d'utiliser leurs témoignages dans vos supports de communication.

Utilisez ces informations dans les réunions hebdomadaires avec votre personnel pour évaluer la performance, féliciter les employés et discuter des problèmes. Envoyez aux clients mécontents une offre pour revenir et vous donner une nouvelle chance. Le pouvoir d'un client insatisfait que vous avez récupéré est impressionnant et ce peut être le déclencheur d'un formidable bouche à oreilles positif.

Ajoutez ces informations à votre base de données client et utilisez-les pour affiner vos connaissances et mettre en place des campagnes marketing. Utilisez différents critères pour filtrer les clients et rechercher des opportunités. Testez des campagnes de suivi pour encourager les clients à revenir. Envoyez un email ou une carte en les remerciant pour leur collaboration avec une offre à valoir pour une prochaine demande.

Exemple de questionnaire de satisfaction :

Nous espérons que vous avez apprécié votre séjour. Merci de bien vouloir prendre quelques minutes pour donner votre avis. Laissez-nous vos coordonnées si vous souhaitez être informé de nos offres exclusives, soirées thématiques et événements spéciaux.

> **A bientôt,**
>
> **Nom et titre**

Nom :_____

Email :_____

Adresse et code postal :_____

Date de naissance : _____

Comment nous avez-vous trouvés ?_____

Commentaire ou

suggestions:_____

Pouvons-nous citer vos commentaires et votre nom dans nos supports de communication ?

Un questionnaire de satisfaction est un moyen simple mais redoutablement efficace pour découvrir ce que vos clients pensent de votre activité, collecter des informations importantes qui impacteront vos décisions marketing, et stocker les coordonnées de vos clients pour de futures activités marketing.

www.amyfoxwell.com

Votre Client est Chinois ? Parlez Mandarin.

Ça peut sembler évident, mais vous devez donner aux clients ce dont ils ont besoin et non ce dont vous pensez qu'ils ont besoin. Et, si vous faites cela, les gens reviendront régulièrement. - John Ilhan

Pour créer des supports marketing attractifs et, plus important encore, efficaces, vous aurez besoin d'être certain d'attirer l'attention de votre client et de faire en sorte qu'il veuille travailler avec vous. Le graphisme est important (particulièrement à cause de l'importance bien connue de la « première impression » pour renvoyer une image professionnelle de votre entreprise), mais le contenu est encore plus important. C'est là que le temps passé à comprendre votre client et à découvrir ce qu'il recherche dans votre produit ou votre service prendra tout son sens et sera récompensé. Cette connaissance affinée signifie que vous devez éviter le marketing « d'imitation » . En faisant différemment de ce que fait tout le monde, vous sortirez du lot dans un marché concurrentiel et supplanterez vos adversaires.

La première chose à vous rappeler en vous préparant à communiquer avec vos clients, c'est que vous vendez une SOLUTION

AUX PROBLEMES DE VOS CLIENTS, pas un produit ou un service. Un vendeur en assurances vend de la tranquilité d'esprit, pas une police d'assurance. Les programmes amincissants vendent une image de soi positive, pas des pilules pour maigrir. Même si vous pensez que votre entreprise ne résout pas de problèmes, c'est pourtant le cas. Prenez le cas d'un restaurant, par exemple. On peut penser qu'un tel établissement ne résout pas de problèmes. Mais ce n'est pas totalement vrai. Il résout forcément des problèmes et comble des besoins. Peut-être le problème du client est-il la faim, ou peut-être aussi l'ennui ou la recherche d'un endroit romantique, ou d'un endroit pour se divertir, ou peut-être souhaite-t-il manger sainement alors qu'il n'a que 30 minutes de pause pour déjeuner pendant sa semaine de travail. Quel que soit le service offert par le restaurant, ce qui est vraiment donné, c'est une solution aux problèmes de leurs clients.

Parlez des problèmes de vos clients. Définissez comment vous compter les résoudre aussi clairement et aussi spontanément que possible et vous arriverez à créer un message fort qui attirera les clients et les encouragera à faire affaire avec vous. Pour que votre message marketing soit bref et puissant, il faut commencer par identifier les 3 principaux bénéfices de votre entreprise pour vos clients. Rappelez-vous qu'il faut répondre à leurs véritables besoins.

Les trois principaux bénéfices de mon entreprise sont :

1.   _____

2.   _____

3.   _____

En développant votre message et en commençant à l'intégrer à vos supports marketing, posez-vous continuellement les questions suivantes : est-ce que le message parle bien de la solution qu'attendent mes clients ? Est-ce que je vend une solution à <u>leurs</u> problèmes, ou uniquement mon entreprise et moi-même ?

Votre Promesse de Vente

Dans cette société tumultueuse où les informations sont de plus en plus nombreuses, vous devez atteindre vos clients potentiels et capter leur attention. Vous avez d'abord besoin d'un message qui intéresse votre interlocuteur et ensuite, vous devez être capable de le communiquer en un clin d'œil. Pour ce faire, vous devez le réduire à l'unique et essentielle raison d'être de votre entreprise.

Etes-vous sûr de connaître ce qu'est exactement votre ACV (argument clé de vente) ? Celui qui va « sonner juste » aux oreilles de vos clients, pas seulement celui que vous pensez être ? Pour obtenir un avantage concurrentiel et un positionnement unique, il faut vous démarquer du tumulte, en réfléchissant à ce dont vous êtes fier, ce qui est spécial dans le service ou le produit que vous proposez, ce dont vous parlez en premier quand vous parlez de votre entreprise.

Vous allez ensuite devoir écouter vos clients. Leur vision originale sera d'une valeur inestimable. Demandez à vos clients ce qu'ils pensent de votre entreprise sous la forme d'une conversation informelle (notez soigneusement les réponses), d'un questionnaire de satisfaction, ou d'un questionnaire plus formel. Des questions telles que « Pourquoi utilisez-vous nos services ? », « Que fait-on que les autres ne font pas ? », « Que manque-t-il à ce type d'entreprises en général ? », « Que pouvons-nous faire qui vous plairait ? », « Que 'tolérez-vous' actuellement dans ce domaine d'activité ? », « Que feriez-vous si vous dirigiez une entreprise comme la nôtre ? », donneront énormément de bonnes idées directement applicables pour déterminer votre avantage concurrentiel et faire prospérer votre entreprise.

Une fois que vous avez obtenu ces informations privilégiées, étudiez le context dans lequel vous évoluez. Y-a-t-il des brèches dans la concurrence ? Y-a-il des domaines dans lesquels vous pouvez avoir une expertise : un service client, des offres spéciales ou des programmes pour enfants ? Il y a de nombreux besoins et une myriade d'ACV possibles. Si votre entreprise s'adresse à des responsables de petites entreprises, peut-être que la communication sur vos services abordables et rapides aura une grande portée. Si votre restaurant a une compétence particulière pour le vin, mettre l'accent sur « la meilleure sélection de vins de la ville » pourrait être un solide moyen de développer votre entreprise avec un marketing ciblé vers une niche d'amateurs de vins.

Assurez-vous que votre ACV est réalisable, qu'il permet de vous démarquer de la concurrence et, plus important encore, que vous puissiez construire votre activité autour de cet argument. Une fois que vous avez votre ACV, consacrez tout votre temps et vos efforts à vous centrer sur ce message.

www.amyfoxwell.com

Bénéfices, pas Caractéristiques

En communiquant avec vos clients ou vos prospects, vous devez vous centrer sur leurs problèmes et les bénéfices qu'il tireront de votre service. Il faut leur montrer que vous allez leur apporter de la valeur et qu'ils seront pleinement satisfaits. Pour cela, parlez du client et non de vous et des caractéristiques de vos produits ou services. Pour donner un exemple précis, prenons le terme « Larges fauteuils ». Il s'agit d'une caractéristique. Le bénéfice serait « vous êtes confortablement assis pendant votre trajet en bus ». Si vous vous contentez de faire l'inventaire de vos caractéristiques, le résultat sera froid et peu inspirant. L'intérêt du client n'est pas attisé, son appétit n'est pas rassasié. Vous êtes comme n'importe quelle autre entreprise qui vend les mêmes choses vues et revues. Si, par contre, vous mettez en avant les bénéfices, si vous aidez le client à s'imaginer en train d'utiliser vos produits ou vos services, il comprendra exactement leur utilité. Vous jouez sur le tableau émotionnel. Et l'émotion fait vendre. Et pour cela, vous devez savoir a) quel est le problème de votre client idéal, b) comment le résoudre.

Alors, quelle est VOTRE activité ? Connaissez-vous vos trois principaux bénéfices client ? Dans une négociation, si vous ne citez pas un bénéfice toutes les 3 phrases, c'est que vous ne vous adressez pas assez aux besoins du client.

La Bande Annonce de votre Entreprise

Maintenant que vous avez le contenu, il est temps de créer un message marketing travaillé et accrocheur : une phrase que vous pourrez utiliser dans toutes vos communications destinées à vos clients, à vos partenaires, à la presse, et à toutes les personnes qui entrent en contact avec votre entreprise. Vous utiliserez ce texte dans vos publicités et vos brochures. C'est votre minute de communication. Pour que la phrase soit à la forme active, commencez par un verbe (nous montrons, nous faisons, nous apportons). Définissez ensuite clairement votre cible (hommes d'affaires, femmes âgées, adolescents en surpoids) et répondez à leurs problèmes (une expérience d'hébergement exceptionnelle, des solutions créatives pour les entreprises, vivre une grande expérience familiale).

Verbe + Cible + Solution du problème

Vous finirez avec un message clair du style « Nous offrons un nouveaux type d'hébergement aux voyageurs perspicaces », « Avec nous, prendre soin de son animal de compagnie n'est plus une corvée », etc. Vous n'êtes alors pas loin d'un court slogan (baseline) à utiliser sur tous vos supports de communication. « Dîner festif pour toute la famille ». Utilisez-le sur tous vos documents de communication : ce message représente votre entreprise.

Un message efficace doit immédiatement montrer au client le bénéfice qu'il va tirer de votre produit ou service. Parlez-lui avec ses propres mots, de ce qui l'intéresse, de ses besoins.

Les Offres Commerciales en Disent Long

N'oubliez pas de tirer profit de vos offres commerciales en les considérant comme autant d'arguments de communication (services gratuits, surprises pour les enfants, réductions de groupe, etc.). Impressionez vos clients avec une offre et communiquez dessus. Proposez une garantie étonnante (« satisfait par votre coupe de cheveux ou nous vous l'offrons »), résolvez un problème (« Les devoirs deviendront un jeu pour vos enfants »), identifiez votre valeur ajoutée (« Nous apportons du romantisme à votre rendez-vous amoureux ») ou identifiez les brèches non exploitées par la concurrence et communiquez sur la façon dont vous comblez ces manques (« La plus grande sélection de pièces automobiles de la ville »).

Développez une offre qui répond aux besoins du client et communiquez.

Créer vos Supports Marketing

Maintenant que vous savez exprimer de manière succincte qui vous êtes et ce que fait de mieux votre entreprise, vous devez diffuser ce message. Pour le faire efficacement, créez un ensemble de supports marketing à utiliser pour approcher des clients, des partenaires, la presse ou n'importe qui d'autre en contact avec vous. Transportez ces documents partout où vous allez : en soirée, chez le médecin, chercher vos enfants à l'école. Vous serez surpris de la fréquence des opportunités qui se présentent quotidiennement pour parler de votre entreprise. J'ai vu des chefs d'entreprises accomplis tendre des flyers à toutes les personnes qu'ils croisent. C'est étonnant à quel point la distribution de flyers est efficace. Et, cela va de soi, un flyer dans les mains d'une personne qui essaie votre produit et qui en est satisfait équivaut à de nombreux flyers. Osez l'humour. Soyez créatif pour qu'on se souvienne de vous. Vos clients, très occupés, peuvent oublier que vous existez. Un petit rappel est toujours une bonne chose. Ne vous contentez pas d'actions isolées comme distribuer des flyers dans les boîtes aux lettres et poser des autocollants sur les portières de votre voiture. Utilisez toutes les opportunités, au sein même de votre établissement, dans votre hall d'accueil, la salle d'attente, le parking, et dans vos publications internes.

Le marketing est un exercice créatif : amusez-vous !

www.amyfoxwell.com

Les Clés pour des Supports Marketing Réussis

En développant vos supports marketing, gardez les points suivant en tête :

- Pensez quels besoins tourmentent vos clients. Etudiez vos supports marketing. Sont-ils conçus à partir des bénéfices client et non de vos caractéristiques ? Gardez-vous toujours à l'esprit vos clients, leurs besoins, leurs peurs et leurs valeurs ? Connaissez-vous les 3 principaux bénéfices de votre entreprise pour vos clients ? Répondez à toutes ces questions et intégrez les réponses dans tous vos supports marketing. Il doit y avoir un bénéfice client par paragraphe.

- Imitez les entreprises qui ont réussi et faites en sorte que vos clients associent votre établissement à un mot ou à une phrase : Dominos Pizza = livraison à domicile, Apple = bonne technologie, Mercedes = ingénierie. Quel mot définirait votre entreprise ?

- Utilisez votre connaissan ce client pour faire en sorte que vos supports parlent la même langue. Réutilisez les mots de vos clients. N'ayez pas peur d'ajouter les idées et les contributions de vos clients lors de la création de vos documents.

- Utilisez la formule suivante pour toutes vos annonces et toutes vos brochures. Si écire n'est pas votre truc, envisagez de vous faire aider par un rédacteur professionnel. L'investissement en vaut la peine pour avoir un message de qualité.

  - Définissez le besoin du client en montrant que vous comprenez ses problématiques : « Vous en avez assez de ces librairies à l'emporte-pièce ? », « Vous recherchez une librairie comme il en existait autrefois ? »

  - Décrivez la vie du client, une fois le problème résolu : « Votre petite amie sera sous le charme après un rendez-vous au Restaurant 'Les sarments ' ».

  - Donnez la marche à suivre pour bénéficier de cette solution « Pour avoir cette coupe parfaite dont vous rêvez tant, venez nous voir chez Lola Coiffure, rue Principale. »

  - Concluez toutes vos actions marketing par un appel à l'action spécifique : « Réservez au 01 00 00 00 00 ».

  - Ayez une garantie satisfaction claire : « Enchanté ou remboursé ».

- Intégrez les témoignages de vos clients satisfaits dans tous vos supports de communication.

- Soyez créatif : envisagez d'agrandir le format de votre carte de visite en y ajoutant des références ou ajoutez un court article d'un important journal au dos de votre plaquette.

- Ne lésinez jamais sur la qualité. Votre image est importante et elle se formera dans les premières minutes sur la base de détails arbitraires comme la qualité du papier de vos flyers. Peu importe la taille de votre entreprise, vous voulez que votre client sente qu'il a affaire à un professionnel. On pourrait objecter que le fond et tout aussi important la présentation de votre documentation. En réalité, beaucoup de personnes ne lisent que les grandes lignes d'un document, mais ils gardent néanmoins une opinion durable basée sur son aspect général.

Assurez-vous que vos supports marketing représentent votre entreprise aussi bien que vous le faites et parlent d'eux-mêmes.

Garantie Satisfaction

Essayez toujours de présenter votre entreprise comme une solution non risquée et de créer une situation dans laquelle le client puisse se dire : « Je serais stupide de ne pas essayer ». « Satisfait ou remboursé », « Le meilleur pain de la ville ou nous vous remboursons », « Pizzas livrées en moins de 15 minutes ou bien nous vous remboursons », « Si vous n'avez pas doublé vos bénéfices après avoir utilisé nos services de consulting, nous vous remboursons. ». Ces offres rendent l'échec impossible pour le client et l'incitent à faire affaire avec vous. D'un autre côté, ce ne devrait pas être une situation risquée pour une entreprise qui suit les principes du Gagnant-Gagnant. Votre produit ou service doit être tel que le client sera content de vous payer car vous leur aurez apporté la solution à ses besoins.

N'ayez pas peur d'offrir une garantie de satisfaction mais assurez-vous de l'appliquer sur des services ou produits que vous êtes capable de fournir.

La Checklist de votre Kit Marketing

Mettez en place un kit marketing que vous pouvez utiliser à tout moment pour communiquer sur votre entreprise : comme matériel de référence, pour la presse, pour des événements particuliers, etc. Votre kit marketing doit contenir les éléments suivants :

1.   Plaquette de présentation
Ce document dresse le portrait du service que vous offrez. Vous exprimerez à la fois une connaissance approfondie de ce que le client recherche et de quelle façon vous comptez le lui donner. Il faut créer une connection émotionnelle. Faites en sorte que le client sache que vous portez attention aux mêmes choses, que vous attendez les mêmes choses d'une collaboration, que vous comprenez ce qu'il recherche et que, à sa place, vous auriez aimé qu'on réponde à vos attentes de cette manière-là. Faites en sorte que vos clients potentiels puissent imaginer comment les choses se dérouleront. Montrez-lui ce qu'il peut attendre en termes d'ambiance, de service et de résultats. Utilisez des photos et des mots qui rendent attractifs vos produits et services.
Ensuite, faites un appel à l'action en donnant au client une raison de faire appel à vos services.

2. Promesses de vente

Il s'agit d'une liste ou d'un paragraphe qui recense tout ce qui vous rend si spécial aux yeux de vos clients. Votre approche unique, vos processus, vos offres, les membres de votre équipe, les petits plus que vous apportez. Une garantie de remboursement, un service personnalisé, un espace pour les enfants.

3. Histoires et récits d'entreprise

Rien ne suscite plus l'émotion, l'identification et la confiance qu'une bonne histoire. Décrivez votre entreprise comme si vous racontiez une histoire, en y intégrant des anecdotes sur vos clients auxquelles vos prospects pourront s'identifier.

4. Informations personnelles

Maintenant il est temps de partager des informations plus personnelles. Les gens aiment s'entourer de personnes inspiratrices et ils aiment aussi faire affaire avec des personnes qu'ils aiment et qu'ils respectent. Qui êtes-vous et qui sont vos collaborateurs ? Parlez de ce que vous faites et pourquoi. Mentionnez votre expérience professionnelle et vos activités dans des organisations similaires. Ajoutez vos éventuelles publications, livres, articles, etc. que vous ou les membres de votre équipe avez écrit. Illustrez vos valeurs et les leçons apprises : faites-vous aimer. Partagez la direction que vous souhaitez donner à votre entreprise. Décrivez votre vision. Les gens aiment faire partie d'un grand projet et pour la plupart, une fois qu'ils ont compris l'idée générale, ils vous aideront à atteindre votre objectif.

5. Services, Produits et Offres

Décrivez de manière claire et précise votre offre, vos produits et vos services, les prix, les équipements, les petits extras, etc.

6. Témoignages

Rien n'est plus convaincant que d'entendre les bonnes nouvelles de la bouche d'un autre consommateur. Il est beaucoup plus simple et plus efficace d'avoir des clients qui vendent à votre place plutôt que d'essayer de convaincre les gens par vous-même. Assurez-vous d'obtenir de nombreux témoignages et utilisez-les librement dans tous vos supports marketing. Accrochez des articles, des lettres ou tout autre forme de témoignage sur la porte de votre établissement, de façon à rassurer vos clients potentiels et encourager les gens à entrer, ou bien encadrez-les au mur pour montrer à quel point votre établissement est génial. Plus il y a de témoignages, plus vous les utilisez, mieux c'est. Chaque témoignage doit stipuler le nom de la personne, d'où elle vient. Si elle a un poste important dans la profession, mentionnez-le. Utilisez les témoignages issus de la presse, d'articles, de critiques culinaires, de guides ou de célébrités. C'est de l'or donc jetez-vous sur toutes les citations que vous pouvez obtenir et utilisez-les dans tous vos supports de communication. Cherchez des témoignages authentiques, spécifiques et qui donne des exemples de vos atouts : la flexibilité horaire, les services haut de gamme, etc. Utilisez une sélection d'exemples qui couvrent différents aspects de votre activité et destinés à différents types de marchés.

Vous vous demandez comment obtenir ces témoignages ? Et bien, il suffit de demander. Vous pouvez utiliser les résultats de vos questionnaires de satisfaction ou demandez à vos meilleurs clients d'écrire quelquechose en leur demandant si vous pouvez mentionner leur nom. Demandez à chaque client satisfait d'écrire un témoignage. Donnez des exemplaires de vos produits à des stations de radio, à des célébrités et à des personnalités locales et utilisez leurs citations. Assurez-vous néanmoins de toujours demander l'autorisation des auteurs avant d'utiliser leurs citations.

7. Liste de partenaires

Ayez une liste de vos partenaires et fournisseurs les plus remarquables et quand c'est possible, utilisez leur logo (qui sont souvent plus identifiables et ont plus d'impact que les noms). Si vous utilisez un produit spécial ou si vous offrez vos services à une grande entreprise, parlez de ces partenaires. Comme pour les célébrités, vous bénéficierez de leur réputation, simplement par association d'idées.

8. Presse

Ajoutez chaque article de presse où vous avez été cité.

12. Echantillons et essais gratuits

A chaque fois que vous en avez l'opportunité, donnez des échantillons ou offrez un essai de vos produits. Rien ne vend mieux une entreprise qu'un avant-goût des produits ! Profitez des conférences et des multiples événements dans votre domaine d'activité pour distribuer des exemplaires de vos produits. Vous pouvez aussi vous placer devant votre établissement et distribuer des échantillons aux passants. Assurez-vous de distribuer la meilleure sélection de ce que vous avez pour impressionner vraiment les gens et vous faire remarquer.

13. Site Internet

Même les plus petites entreprises ont maintenant besoin d'un site intern et si elles souhaitent survivre et se développer. De plus en plus de gens font des recherches, s'informent ou évaluent une entreprise en passant par Internet. Après tout, ne récoltez-vous pas, vous aussi, des informations complémentaires sur une entreprise avant de travailler avec eux ? Utilisez votre site internet pour attirer les clients et leur fournir toutes les informations pratiques (accès, heures d'ouverture, produits, prix, etc.). Cela réduira considérablement le temps que vous passez à répondre à ces questions au téléphone, tout en étant plus pratique pour vos clients. Ne faites pas de rétention d'informations, notamment sur les prix. Vos clients finiront par trouver la réponse à ce qu'ils cherchent et seront d'autant plus frustrés qu'ils n'auront pas eu accès à toutes les données. Ils trouveront aussi étrange que vous ne donniez pas de prix et il se peut qu'ils ne vous contactent pas, pensant ne pas avoir le budget. Vous devez connaître tous les détails de votre entreprise et être prêt à donner ces informations à vos clients potentiels.

Un kit marketing bien conçu, à utiliser en toute occasion, vous fera gagner du temps, vous permettra de saisir de grandes opportunités et de promouvoir votre entreprise.

POINTS D'ACTION : LE CLIENT

☐ Identifiez votre Promesse de vente (USP : Unique Selling Proposition) : demandez leur avis à vos clients, cherchez des failles dans le marché, réfléchissez à ce que vous vendez réellement, au-delà du simple produit ou service, et qui vous démarque de la concurrence.

☐ Répondez à la question « pourquoi moi ? » et communiquez sur votre différenciation succinctement et simplement.

☐ Créez un message clé court et percutant.

☐ Utilisez votre message clé dans toutes vos communications.

☐ Demandez-vous : « Qu'est ce qui préoccupe mes clients ? ».

☐ Les questions et les résistances montrent que vous ne répondez pas aux besoins de vos interlocuteurs.

☐ Communiquez en masse votre solution à un problème que vous êtes le seul à résoudre.

☐ Posez-vous la question : « Ce que je vends a-t-il de la valeur pour mes clients ? Sont-ils prêts à payer plus pour l'avoir ? »

Internet

Attelez-vous au World Wide Web

De toutes les inventions qui ont eu un impact sur les entreprises depuis la Révolution Industrielle, aucune n'a été aussi importante qu'Internet. Grâce à cette nouvelle technologie, le consommateur a pris le pouvoir, en ayant accès à plus de produits, plus d'informations, plus de prix et plus de contrôle sur sa vie. Quelle que soit votre activité, vous devez utiliser Internet, de la même manière que vos clients le font. Une approche marketing Gagnant-Gagnant est indispensable. Si vous ne l'appliquez pas, vous ne pouvez pas concurrencer ceux qui, eux, le font. Ne comptez pas sur votre personnel ou votre web designer pour vous dire ce que vous devez faire. Vous devez avoir une connaissance et une stratégie concernant ce point essentiel de votre marketing. Assurez-vous de comprendre comment Internet fonctionne et comment l'utiliser au mieux pour votre entreprise. Appuyez-vous ensuite sur ce savoir pour trouver un web designer qualifié pour mener à bien une stratégie Internet solide.

Si vous n'avez pas le temps de vous connecter, vos clients, eux, le trouvent. Internet devient une source d'information de plus en plus importante. Vos clients vont sur votre site internet pour obtenir des informations pratiques, des photos de vous et de votre établissement, et pour avoir une idée de vos produits et services,

www.amyfoxwell.com

vous devez donc avoir un site internet de qualité avec des informations actualisées.

Cependant, l'objectif principal de votre stratégie Internet devrait être d'accroître le trafic, d'attirer les visiteurs en récupérant leurs coordonnées et développer ainsi une relation à travers vos activités marketing.   Votre site internet servira d'autres buts comme celui d'être une vitrine de votre entreprise, une sorte de brochure en ligne, mais vous devez vous centrer sur le développement de l'ensemble de votre stratégie et de vos outils, avec l'objectif de construire et de démultiplier votre base client.

Ne perdez pas de vue que votre site internet n'a pas simplement pour objectif d'être beau, mais de rapporter de l'argent !

Les Clés pour un Site Internet Gagnant

La construction de votre site internet doit découler de votre stratégie et avoir pour objectif la satisfaction du client. La structure d'un site internet est importante à deux points de vue : être ergonomique et devenir une ressource pour le client, et être trouvé plus rapidement sur le réseau.

En commençant à travailler sur votre site internet, assurez-vous de réaliser un cahier des charges complet, en exposant bien les objectifs, le public visé, les campagnes marketing et la stratégie. Vous et votre équipe, vous référerez à ce document régulièrement pour être sûrs que le site internet correspond bien aux besoins de l'entreprise. Voici quelques fondamentaux que vous devez comprendre et appliquer à la stratégie de votre site internet :

- Restez au fait de la technologie et utilisez-la à votre avantage.
- Ayiez une politique d'entreprise centrée sur le client. Assurez-vous que les internautes puissent naviguer facilement dans le site internet, le but étant qu'ils y passent le plus de temps possible, qu'ils trouvent toutes les

informations qu'ils recherchent et qu'ils entament le dialogue. Mettez tout ce que vous avez sur votre site internet (prix, produits, etc.) et rendez la navigation simple et intuitive pour ne pas que les internautes soient frustrés et partent... voir la concurrence. Pour cela, faites l'expérience vous-même et passez du temps à naviguer dans votre site. Pouvez-vous accéder à toutes les pages depuis n'importe quelle page ? Faites faire l'expérience à votre grand-mère ou à un enfant de 8 ans. S'ils n'arrivent pas à évoluer dans le site internet, il faut revoir la navigation.

- Ayez un contenu utile qui répond à un besoin : des photos, une description du service que vous fournissez, des informations pratiques (directions, plan d'accès, parking, heures d'ouvertures, etc.), votre kit marketing, une interface pour interagir avec vous, vos actualités, des informations simples pour vous contacter, votre équipe, etc.

- Choisissez un design sobre avec un titre accrocheur sur chaque page et utilisez une navigation et des liens textuels (transformez votre texte en lien afin que les moteurs de recherche vous trouvent plus facilement). Intégrer l'ensemble de vos supports marketing en les proposant sous forme de fichiers téléchargeables.

- Offrez quelquechose pour attiser la curiosité de l'internaute et obtenir leurs coordonnées : une recherche gratuite, un livre gratuit, des offres, des coupons, etc. Proposez l'envoi d'une newsletter régulière. Récupérez toujours les noms et les adresses email en échange de l'offre.

www.amyfoxwell.com

- Une fois que vous avez un site internet en état de fonctionnement, commencez un blog et mettez régulièrement en ligne des informations très ciblées, d'actualité et utiles.

- Cela vaut vraiment la peine, et c'est même indispensable, de passer du temps et de vous familiariser avec les outils Google dédiés aux petites entreprises comme l'Optimiseur de Site, les Tendances de Recherches (Insights), Adwords, Sandbox et quantité d'autres outils pour utiliser internet au profit de votre entreprise.

Une navigation ergonomique et conviviale, un contenu utile et l'implication des clients constituent les trois piliers d'une stratégie Internet réussie.

Augmenter le Trafic

Le référencement est la clé pour faire prospérer votre activité sur Internet. C'est une histoire d'arithmétique bien sûr : plus vous avez de visites sur votre site internet, plus vous avez de clients potentiels. C'est en cela que repose le pouvoir d'Internet, l'ouverture du marché à un trafic potentiel illimité, mais c'est aussi un challenge : être vu et trouvé parmi la jungle infinie du World Wide Web.

Pour y parvenir, vous devez vous assurer que votre site internet est facile à trouver et qu'il apparaît dans les tous premiers résultats d'une recherche dans les moteurs comme Google et Bing. Aujourd'hui, la plupart des gens utilisent Internet de manière à recueillir des informations sur les entreprises. Et 80% de ces personnes qui utilisent les moteurs de recherche, ne regardent pas plus loin que la première page des résultats. C'est la raison pour laquelle il est important que votre stratégie et la structure de votre site internet accroissent les chances pour votre site internet d'être placé au plus haut rang dans les moteurs de recherche et génère ainsi un bon taux de trafic.

Il y a deux types de référencement : gratuit et payant. Cependant, même le référencement « gratuit » (ou « naturel ») vous demandera un investissement en temps et en argent. Vous devrez vous familiariser avec son fonctionnement et appliquer certaines théories de base pour vous assurer une bonne place dans les moteurs. Le fait que ce soit gratuit est important d'un point de vue du consommateur. Etre positionné de manière impartiale en haut du classement, ou être recommandé sur les blogs de vos clients ou de sites internet reconnus est un important message pour les personnes qui visitent votre site. Vous ne pourrez pas payer pour gagner des places dans les moteurs de recherche. Les résultats sont issus de calculs mathématiques complexes qui évaluent le contenu de votre site internet et de vos liens et décident de la pertinence de votre site en fonction de la demande tapée par l'utilisateur. Ce fonctionnement est impartial et ne peut pas être acheté. Néanmoins vous pouvez optimiser votre site internet pour que le logiciel du moteur de recherche vous identifie comme une source pertinente.

Ces résultats sont-ils vraiment importants ? Et bien, si vous figurez en 3ème position et que vous réussissez à vous placer à la première place dans Google, vous allez quadrupler votre trafic. Si vos ventes potentielles sont un pourcentage de ce trafic, c'est un sacré bond !

Pour le référencement payant, en revanche, le coût intervient en amont, mais il est plus ciblé car les clients qui cliquent sur le lien payant savent qu'il s'agit d'une publicité. En cliquant, ils indiquent être intéressés par ce que vous avez à dire.

Votre meilleure stratégie pour gagner des clients sur Internet est de combiner référencement naturel et référencement payant.

www.amyfoxwell.com

Comment Fonctionnent les Moteurs de Recherche

En tant que chef d'entreprise, vous devez comprendre comment fonctionnent la recherche sur internet, vous en servir pour le développement de votre site internet et de votre stratégie en ligne, pour étudier votre marché et pour pouvoir déléguer le développement et la maintenance à une personne qualifiée. Cela peut ressembler à un tour de passe-passe ou de la magie noire, mais en fait, les bases de l'optimisation , pous les moteurs de recherche (SEO : Search Engine Optimisation), c'est-à-dire l'art de se placer dans les premières places des résultats, sont vraiment accessibles, bien que chronophages lors de la mise en place.

Tout d'abord, pour comprendre comment optimiser , votre site internet de façon à ce qu'il soit bien positionné , dans les moteurs de recherche),, vous devez avoir une connaissance basique du fonctionnement de ces moteurs. Ceux qu'on nomment les « araignées » parcourent le web à la recherche de la correspondance la plus proche de ce qui a été entré dans la barre de recherche. Ces araignées sont de simples robots stupides qui ne peuvent pas voir la technologie Flash et qui ne s'intéressent à rien de ce qui est beau. Ils lisent le code qui se trouve « derrière » les pages (si vous voulez voir à quoi ressemble une page pour une araignée, allez voir le code source de la page). Ce qui les intéresse, c'est le texte, les liens , et les

URL. Ces araignées parcourent le web, collectant les informations et les ajoutant à l'index du moteur de recherche qui attribue des notes aux liens et aux mots en fonction de leur pertinence par rapport à la recherche en cours.

Apprendre les bases du fonctionnement des moteurs de recherche est essentiel pour mettre en place et conduire une stratégie efficace, et ce même si vous avez une équipe en charge ou si vous externalisez le travail.

La Magie des Mots Clés

L'apparition de votre site internet dans les résultats des moteurs de recherche dépend de la correspondance de votre site avec ce que les gens recherchent, et du score de votre site attribué par le moteur. Par conséquent, il est crucial de connaître les mots que les internautes utilisent pour rechercher vos produits et vos services. C'est ce qu'on appelle les mots-clés.

Comment trouve-t-on de bons mots-clés, bien ciblés, qui vont faire faire écho à ceux de vos clients potentiels ? Dans un premier temps, demandez à vos clients et à vos amis de vous donner des exemples de mots qu'ils utiliseraient pour vous trouver. Ensuite, étudiez le rapport de mots-clés sur un logiciel d'analyse du trafic de votre site internet (tel que Google Analytics). Choisissez les mots-clés pour lesquels votre site internet est le mieux positionné et les mots-clés pour lesquels vous avez le plus de réponses. Choisir les mots clés est à mi-chemin de l'art et de la science. Sortez des sentiers battus et pensez en vous mettant à la place de vos clients. Cette étape sera un moyen de plus de connaître et de comprendre vos clients. Vous devrez réfléchir à des alternatives dans le choix des mots (tel que « bambin » au lieu d' « enfant ») et étudier les domaines qui sont moins concurrentiels.

Mener une recherche de mots clés est recommandé car, en tant que chef d'entreprise, vous utiliserez sans doute des mots spécifiques pour définir votre entreprise, différents de ceux utilisés par vos clients. Vous serez tenté d'employer des termes que vous avez l'habitude d'utiliser mais qui ne correspondent pas au vocabulaire de vos clients. Pour réaliser votre recherche de mots clés, vous pouvez utiliser des outils gratuits comme Google Analytics ou payants comme Wordtracker , qui permet de voir le classement et la potentialité d'un mot-clé, la taille du marché pour ce mot-clé et les tendances.

Afin de vous classer de manière compétitive parmi les milliers de sites internet qui utilisent les même mots-clés, vous devriez cibler des mots-clés niches et pas seulement des mots isolés. Par exemple, au lieu de cibler un mot tel que « marketing », qui est un mot utilisé dans des centaines de milliers de recherches et qu'il sera très difficile de concurrencer, vous devriez cibler les mots-clés niches qui lui sont associés, par exemple « consultant en marketing pour les petites entreprises ». Au lieu de chercher, comparer et cibler des mots-clés uniques, nous ciblons de mots-clés de niche,. Au lieu de cibler « cadeaux », pour lequel la concurrence est importante, nous ciblerons « cadeaux pour amoureux des chiens », « cadeaux pour bijoutiers » ou « cadeaux pour cuisiner ».

Nous devons ensuite prioritiser les différents mots-clés de niche en trouvant lesquels donneront à notre site le meilleur retour sur investissement, une évaluation basée sur la réussite actuelle de notre site pour chacun des mots-clés de niche (en étudiant le trafic actuel et les ventes) et sur la réussite qu'il pourrait y avoir (en étudiant la taille de la niche, la concurrence et les ventes potentielles).

Maintenant que vous avez identifié vos mots-clés et vos phrases-clés,, vous devez les tester pour vous assurer que votre contenu est optimisé pour parler de votre activité. Si vous trouvez des phrases-clés sur lesquelles vous pouvez être compétitif, ajoutez un contenu spécifique en créant une catégorie, un guide d'utilisation ou une page spéciale sur votre site internet.

La recherche de mots-clés vous aidera, non seulement à générer du trafic sur votre site internet, mais aussi à connaître le marché, ses tendances et àvoir vos produits et services depuis la perspective du client, dans le contexte d'un marché plus large.

Le Processus rapide SEO en 6 étapes

Optimisez votre site internet pour les moteurs de recherche en 6 étapes :

1. Pensez au synonymes et trouvez le plus de mots possibles en relation avec vos produits et services. Demandez à des amis et des collègues, même à vos meilleurs clients, les mots qu'ils utiliseraient pour chercher vos produits et services.

2. Faites une recherche de mots-clés (soyez sûr que c'est pour vos marchés seulement) en utilisant un outil de recherche en ligne comme Wordtracker ou Google Analytics. Cherchez des mots-clés ou des phrases niches.

3. Utilisez les résultats pour choisir le titre de la page de votre site internet. Dans le titre, faites la combinaison entre des mots très spécifiques à votre produit ou service et un mot plus concurrentiel. Par exemple, utilisez une marque particulière (les recherches par nom de marque se transforment très souvent en achat) et le nom générique, par exemple « Frontline traitement anti-puces pour chat ».

4. En écrivant le contenu textuel de votre site internet, essayez d'utiliser vos mots-clés dans le premier paragraphe et dans l'ordre qui est le plus stratégique pour vous, avec les plus

forts au début. Il est important de peaufiner les premiers paragraphes car ce sont eux que la majorité des internautes liront. Mettez vos mots-clés ou une combinaison de vos mots clés dans vos liens internes et tout ce qui est « taggé » (légendes des photos et vidéos) doivent comprendre également des mots-clés.

5. Maintenant que vous savez comment vos clients vous cherchent, utilisez ce savoir et tous ces mots-clés pour d'éventuelles campagnes marketing payantes.

6. Analysez les résultats. Quel mot-clé de niche a apporté le plus de résultat ? Utilisez-les plus. Continuez votre recherche de mots-clés, en cherchant d'autres mots-clés de niche à cibler. Garder des notes sur les modifications des tendances et réagissez de manière proactive. N'oubliez pas de revoir régulièrement vos mots-clés. Le marché fluctue plus vite que vous ne pensez. Madonna fait l'actualité aujourd'hui, mais Lady Gaga fera peut-être l'actualité de demain. Vérifiez vos résultats et trouvez de nouveaux mots-clés pertinents tous les mois. Utilisez des outils pour comparer où vous êtes situés par rapport aux autres sites.

Utilisez la recherche de mots-clés religieusement en créant le contenu de votre site internet. Il est tentant de mettre n'importe quel contenu, mais en faisant correctement vos devoirs depuis le début, vous optimiserez votre site internet pour les moteurs de recherche. Et cela peut faire la différence entre la réussite et l'échec de votre activité en ligne.

www.amyfoxwell.com

Le Contenu est Roi

Parce que les moteurs de recherche parcourent le texte, le contenu est roi et vous avez besoin de jouer à la fois sur la qualité et la quantité. Assurez-vous d'abord que votre contenu a de la valeur pour vos clients et vos prospects, les encourage à revenir, les persuade de donner leurs coordonnées, favorise une relation avec vous, et incite à la recommandation. Plus votre contenu est utile, plus vous avez de chances d'arriver en haut du classement dans les résultats de recherche. Attisez la curiosité et attirez les internautes avec un contenu intéressant et captivant. Utilisez des podcasts, des vidéos, de l'information gratuite, des photos, des recherches et des sondages. Soyez créatif et pensez à ce qui intéresse le plus vos clients.

Vous aurez aussi besoin d'une grande quantité de texte à parcourir pour les « araignées » des moteurs de recherche. Ayez pour objectif de générer, pour chacun de vos produits ou services, une page individuelle avec une URL unique et ces pages doivent être reliées entre elles, de la même façon qu'un site standard de ecommerce. Le but est d'avoir de nombreuses pages différentes indexables par Google plutôt qu'une seule. Chaque page doit comporter de 250 à 500 mots uniques, qui ne sont utilisés nulle part ailleurs (idéalement coupés par 2-3 titres). Pour les besoins du référencement naturel, plus il y a de contenu, mieux c'est. Le contenu peut être masqué pour ne pas porter atteinte à l'ergonomie du site. Demandez à votre webmaster une solution pour inclure le contenu nécessaire sans interférer avec la navigation. Envisagez des « guides d'achat » séparés, à fort contenu agrémenté de mots-clés et de phrases-clés. Un plan de site, souvent inutile pour l'internaute, est essentiel pour l'exploration par les robots des moteurs de recherche.

Assurez-vous d'avoir des zones pour interagir avec les internautes, où ils pourront faire part de leurs remarques et faire des commentaires. C'est un très bon moyen de générer du contenu gratuit, qui correspond bien à votre audience et utilise le vocabulaire de vos clients. En outre, cela vous apporte le contenu textuel unique dont vous avez besoin et qu'il vous est peut-être difficile de fournir.

Si votre activité est locale, assurez-vous de mentionner la localité dans la plupart de vos contenus et de vos phrases, les tags et les titres. Citez votre adresse sur toutes les pages et mettez en place des liens avec d'autres sites internet dont l'entreprise est localisée dans votre zone géographique. Ajoutez du contenu et des ressources locales en utilisant un vocabulaire localisé (« Programmes d'entraînement à Marseille » plutôt que « nos programmes d'entraînement »). Les internautes utilisent souvent le nom de leur ville dans leurs requêtes et apparaître comme leur solution de proximité peut être inestimable.

Avoir un contenu dense, utile et pertinent pour vos clients, vous propulsera dans le haut du classement des moteurs de recherche et vous donnera de la visibilité.

www.amyfoxwell.com

Le Référencement Payant

Comme pour n'importe quel autre média, vous pouvez payer pour être vu et, bien sûr, il y a des avantages et des inconvénients à le faire. La publicité traditionnelle est coûteuse, vous devez payer pour la production de la publicité, les régies publicitaires, et l'achat d'espace dans les différents médias et sur Internet. Vous aurez besoin d'y allouer une équipe et de faire appel à une agence pour vous aider à gérer ce type de campagnes marketing et vous assurer que l'investissement est rentable. Ce type de stratégie est intéressant pour les grandes entreprises bénéficiant d'un budget marketing conséquent.

Cependant, il y a aussi des solutions de publicité payante adaptées aux petits budgets. La publicité au clic est une plateforme publicitaire révolutionnaire pour les petites entreprises et se résume à, comme l'indique son nom, « payer pour chaque clic ». Ce système a été développé par Google pour aider les entreprises à cibler leurs annonces et augmenter le trafic sur leur site internet. Vous ne payez que lorsque les internautes cliquent sur la publicité et sont redirigés vers votre site Internet. Utilisé à bon escient, ce peut être un élément fort de votre stratégie marketing en ligne, en vous mettant face à la bonne cible et en vous permettant de mesurer ce qui a fonctionné et d'en faire plus, et ce qui n'a pas fonctionné et de l'éliminer.

Pour gérer une campagne de liens sponsorisés PPP ("Pay per Click"), vous devez réaliser votre recherche de mots-clés, comme pour le référencement naturel, et optimiser continuellement vos campagnes. La popularité des mots change avec le temps et de nouveaux mots-clés font leur apparition. Si vous avez moins de 1% de clics sur un terme, alors supprimez-le et mettez à la place un nouveau mot-clé issu de vos recherches.

Assurez-vous de rediriger les internautes, lorsqu'ils cliquent sur votre annonce, vers la page adéquate. S'il clique sur une publicité concernant les « déguisements d'Halloween », assurez-vous qu'il soit redirigé vers la page qui traite du sujet et non sur votre page d'accueil générique où il devra à nouveau chercher l'information qui l'intéresse. Vous perdrez de nombreux acheteurs potentiels si vous ne les dirigez pas immédiatement vers ce qu'ils veulent, en leur simplifiant ainsi la procédure d'achat.

Vous devrez aussi continuellement tester le contenu et l'apparence de vos pages pour favoriser les ventes. Dirigez 50% des clics vers une page « A » (votre page « contrôle ») et 50% vers une nouvelle page « B » (votre page « test »). Si B est plus performante, faites-la devenir votre nouvelle page cible, et vous pourrez à nouveau essayer de gagner en performance avec encore une autre page. Vous pouvez tout changer, depuis la couleur des boutons jusqu'au choix de la police de caractères. Mais essayez de commencer avec votre « offre » (le prix de vos produits, les réductions, les packages).

Comme avec les mots-clés choisis pour le contenu de votre site internet, utilisez un ciblage géographique pour que vos annonces n'apparaissent que pour les internautes localisés dans la bonne zone géographique. Un ciblage géographique intelligent réduira considérablement vos coûts et accroîtra la pertinence.

Une campagne de liens sponsorisés PPC vous permet de créer des offres pertinentes et attractives destinées à une clientèle ciblée.

Sites Web Tiers

Votre site internet n'est pas le seul à pouvoir vous offrir une présence sur la toile. Vos clients utilisent des sites d'avis de consommateurs ainsi que d'autres sites internet locaux afin de se renseigner sur l'entreprise dont ils ont entendu parlé, mais aussi chercher d'autres entreprises avec qui faire affaires. Vous avez donc besoin d'être largement présent sur Internet et d'y avoir une image positive. Comment y arriver ? Tout d'abord veillez à ne pas ajouter vos propres avis clandestins. Les internautes ne s'y font pas prendre et vous pouvez créer beaucoup plus de dégats que vous ne pensez en perdant en crédibilité. A la place, demandez activement à vos meilleurs clients de prendre un peu de temps pour écrire un avis. Donnez-leur la liste des sites internet sur lesquels ils peuvent donner leur retour. Ajoutez un lien vers ces sites dans vos newsletters et demandez activement à votre base client de partager leur expérience avec votre entreprise. Si vous voyez qu'un client a écrit un avis positif, remerciez-le. Vous pouvez même envoyer une offre spéciale en guise de cadeau de remerciement ou un bon de réduction pour leur prochain achat. Ces petites attentions font la différence et vous serez récompensé de ces gestes commerciaux.

Les blogs et les sites internet d'avis de consommateurs sont considérés comme impartials et sont respectés par les internautes. Le fait que votre marque y soit positivement référencée est important, et les liens vers votre site vous aideront à améliorer votre classement dans les moteurs de recherche.

Il est aussi important de cultiver les partenariats avec d'autres sites internet qui bénéficient d'un trafic important. En ayant des liens sur ces sites pointant vers le vôtre, vous bénéficiez du trafic résiduel. Il y a de nombreuses possibilités pour trouver des partenaires : vos partenaires standards existants, les sites internet complémentaires au vôtre, les sites internets d'actualité locale qui ont des listings et des services, les blogs, les guides, les sites d'avis utilisateurs, etc.

Centrez-vous sur la création de relations qui apporteront du trafic sur votre site internet, de nouveaux clients et une bonne RP.

Créer des Liens

Les moteurs de recherche comptabilisent les liens pour décider de votre placement. Les liens qui pointent vers votre site internet sont vitaux pour obtenir une bonne place. Le moteur de recherche pense que, si d'autres personnes mettent un lien vers votre site internet, c'est que votre site internet doit être une bonne ressource sur le sujet identifié.

Les liens qui *s'écoulent* d'un lien donné sont connus sous le nom de Linkjuice. C'est sont un facteur important pour arriver en haut de liste dans les résultats des moteurs de recherche. Il vous faut autant de Link juice (jus de référencement) que possible tout en évitant de donner votre lien quand c'est possible. Ca ne veut pas dire éviter les partenariats et les échanges de liens. Essayez juste de toujours en donner moins que vous en recevez.

Il y a beaucoup de liens différents : ceux que vous demandez, ce qui apparaissent naturellement parce que quelqu'un aime votre contenu, ceux qui sont le résultat d'un partenariat ou de la presse, ou ceux mis en place pour des besoins informels. Vous avez besoin d'un maximum de liens qui pointent vers votre site.

Obtenir des liens peut être un processus chronophage. Passez un peu de temps en amont pour identifier les sites dont le trafic est élevé et obtenir les liens de base dont vous avez besoin parmi les leaders de votre domaine d'activité et dans la presse. Identifiez les principaux blogueurs et approchez-les pour qu'ils écrivent un article et proposent des liens vers votre site internet. Vous pouvez, en échanger leur proposer d'écrire un témoignage sur leur blog, une offre promotionnelle pour leurs lecteurs, des actualités, ou fournir une information pertinente gratuite.

Inscrivez-vous également sur quelques répertoires gratuits de qualité (comme DMOZ) et bien référencés, et également sur quelques répertoires payants comme Yahoo. Il faut ensuite que votre objectif soit de créer un site internet suffisamment bon pour que les liens se créent naturellement.

En appliquant une approche Gagnant-Gagnant à votre marketing, en ciblant les besoins des clients et en fournissant les informations qu'ils recherchent, vous allez naturellement attirer des liens vers votre site internet et ainsi arriver plus haut dans le classement des moteurs de recherche.

Blog et Médias Sociaux

Le potentiel des médias sociaux, c'est-à-dire l'utilisation de la myriade de sites web utilisateurs (Facebook, Digg, Delicious, etc.) et des blogs personnels, pour faire circuler les informations au sujet de votre entreprise , est infini, comme Internet. Avoir un blog et participer aux différentes communautés en ligne, sont des outils fantastiques pour créer le lien avec vos clients. Cependant, ce moyen de communication est dans les mains du consommateur et peut être potentiellement risqué. Vous devez utiliser une approche Gagnant-Gagnant de tous les instants.

Les clés d'une bonne stratégie :

- N'ayez pas les yeux plus gros que le ventre. Commencez doucement et ne promettez rien que vous ne pouvez pas honorer.

- Restez centré sur ce qui va vous apporter du trafic : les sites internet qui sont pertinents par rapport au vôtre et qui ont la même cible et également ceux qui bénéficient d'un trafic élevé.

- Assurez-vous que vos posts et vos messages utilisent vos mots-clés ciblés.

- Soyez honnête. Communiquez sincèrement qui vous êtes et ce que vous faites. Répondez aux questions et aux critiques en toute bonne foi. Voyez ça comme une voie à double sens dans laquelle vous n'avez pas le contrôle mais qui permet de créer la discussion.

- Identifiez les communautés appropriées sur internet et participez-y activement.

Utilisez les réseaux sociaux pour engager un dialogue avec vos clients qui enrichira vos positions respectives.

POINTS D'ACTION : PRENDRE INTERNET EN MAIN

☐ Développez votre stratégie web en pensant avant tout au client.

☐ Pour votre contenu, pensez qualité et quantité.

☐ Prenez le temps de chercher avec application les mots-clés et utilisez les outils d'analyse disponibles en ligne.

☐ Utilisez des mots-clés niches et des mots-clés localisés.

☐ Créez des liens et des partenariats avec des sites tiers de qualité bénéficiant d'un trafic élevé et d'une notoriété à laquelle vous souhaitez être associé.

☐ Faites seulement ce que vous pouvez gérer sur le long terme.

☐ Devenez un expert du PPC (campagnes sponsorisées)

Obtenir de nouveaux clients

Définition de la Cible

Revenons à l'essentiel : trouver plus de clients ! Vous avez maintenant une idée précise de qui est votre client et de ce que vous voulez lui dire. Tout ce dont vous avez besoin, c'est trouver plus de personnes du même profil. Avec le profil de votre client-type en tête, créez une liste de prospects. Tout d'abord, calculez combien de personnes vous allez devoir contacter afin d'obtenir le nombre de contrats que vous pourrez gérer tout en augmentant la qualité de votre prestation. Puis, créez la liste des prospects ayant le profil de votre client idéal : des personnes pour qui votre produit ou votre service est utile et bénéfique.

Par exemple, si un de vos profils client est « petites familles avec des enfants en bas âge », demandez-vous où vous allez trouver plus de personnes de ce même profil. Etudiez où ils vont (parcs, bibliothèques, centres d'activité pour les enfants) et distribuez-y des coupons d'offres spéciales ou des échantillons, ou encore, envisagez un partenariat avec un de ces endroits (par exemple : un coupon pour un jouet gratuit de votre magasin de jouets avec chaque entrée au parc d'attraction voisin). Consultez les magazines locaux que ces familles lisent et envisagez de placer une publicité dans ces revues. Assurez-vous de les séduire avec une offre qui correspond à leur profil (glace gratuite pour les enfants, manucure gratuite pour les mamans qui travaillent, etc.). Là où il y a quelques clients, il y a des chances d'en avoir plus.

Sachez qu'obtenir un nouveau client a un certain coût. Si vous dépensez votre budget marketing sur une publicité à grande échelle où 90% des personnes ne seront pas intéressées, vous allez devoir faire beaucoup de marketing et cela va vous coûter beaucoup d'argent. Si vous dépensez votre budget marketing à bon escient sur des actions où 90% des personnes SERONT intéressées par ce que vous proposez, vous allez faire beaucoup moins de marketing et dépenser beaucoup moins d'argent.

Une des principales erreurs que font les entreprises aujourd'hui, c'est de perdre du temps, de l'argent et de l'énergie à essayer d'atteindre trop de monde à la fois, en ciblant une catégorie trop étendue.

Des Outils Marketing à Foison

Avec les années, j'ai constaté que les marketeurs accomplis ont plusieurs points communs, dont celui de se servir de tous les outils marketing à leur disposition. Ils ne font pas une, deux ou trois actions marketing, mais mènent de front 6, 10 et même 15 méthodes différentes. Un marketing réussi ne se réduit pas à de la publicité (au contraire, c'est un des moyens les plus difficiles pour transmettre un message efficacement). Pour être vraiment rentable, utilisez un large choix de marketings : marketing direct, partenariats, presse, publicité, etc. Votre but étant de solidifier chacun de ces piliers marketing. Vous vous demandez peut-être comment trouver les activités qui marchent et créer une stratégie marketing multicanal efficace. La réponse est simple : essayez, essayez et essayez encore. Testez une activité sans prendre de risques, à échelle réduite. Vous saurez si cette activité fonctionne ou non et pourquoi. Si elle ne marche pas, arrêtez-la. Si elle fonctionne, continuez et modifiez-la pour voir si vous pouvez la rendre encore plus efficace. Essayez une nouvelle méthode tous les mois, mais n'investissez pas beaucoup d'argent avant de savoir qu'une action fonctionne. Au lieu d'envoyer 2000 emails, envoyez-en 200 jusqu'à ce que vous trouviez l'email gagnant. Alors, envoyez 2000 exemplaires de cet email.

Essayez une nouvelle activité marketing chaque mois.

www.amyfoxwell.com

Publicité Gratuite, ou l'Art des Relations Publiques

Les Relations Publiques, ou RP, c'est votre image publique. Elles reposent principalement sur vos relations avec la presse. Cela équivaut schématiquement à de la publicité gratuite et, mieux encore, les bons retours presse servent de références, vues par de nombreuses personnes. Le bouche à oreille exponentiel. Les RP sont une manière inestimable d'attirer l'attention sur votre entreprise. C'est un outil puissant car la presse est perçue comme un observateur objectif et neutre de vos produits et services. Les lecteurs font confiance aux journalistes et aux personnalités publiques pour filtrer le marché et en donner un compte-rendu honnête. Si quelqu'un a entendu parler de vous en bien dans la presse, la moitié du chemin est fait.

De la même façon que vous ciblez votre client idéal, vous devez cibler les journalistes et les différents acteurs de la presse. Et, comme avec votre personnel, vos clients ou n'importe quel autre personne en contact avec vous, vous devez penser Gagnant Gagnant. Pensez à ce qui pourrait aider le journaliste dans SON travail : une idée de sujet ou un communiqué déjà mis en forme, avec photos et citations, qu'il aura simplement à reformuler rapidement. Mettez-vous dans ses baskets et rassemblez tous vos efforts pour construire une relation Gagnant-Gagnant. Si vous facilitez la vie des journalistes, ils vous rendront la pareille à moment donné. Il n'y aura pas toujours un article à la clé, mais faites-les VOUS appeler quand ils ont besoin d'un article ou d'une opinion. Pour y arriver, commencez petit et travaillez à la construction d'une relation : envoyez des informations susceptibles de les intéresser, ainsi que vos communiqués d'entreprise. Rappelez-vous que les journalistes sont toujours à l'affût de nouvelles informations et de nouveaux sujets. Mettez un point d'honneur à les tenir informés de ce qui se passe dans votre domaine d'activité. Soyez cohérent et régulier dans vos prises de contact. Ne vous contentez pas d'envoyer un dossier de presse isolé. Et n'envoyez pas seulement vos communiqués, devenez une de leurs sources en leur divulgant des informations, même si ces informations ne vous concernent pas.

Les journalistes sont en recherche constante de choses à raconter, mais le fait que votre tante Geneviève pense que vos écharpes faites main sont merveilleuses ne va pas vraiment attiser leur curiosité. Vous allez devoir trouver un « angle » si vous voulez être choisi par la presse. Voici quelques idées :

- Avoir une vraie information (une nouvelle entreprise, un nouvel employé important). Peu importe ce que c'est, les journalistes aiment les actualités, donc assurez-vous de leur envoyer un communiqué à chaque fois (vraiment) qu'un changement intervient dans votre entreprise.

www.amyfoxwell.com

- Soyez le premier ou soyez unique (vous avez un nouveau produit, vous présentez un nouveau service). Tout ce qui est susceptible de modifier le terrain est un bon contenu d'actualité.

- Angles locaux (les actualités qui ont un lien avec une situation de proximité vous aideront à obtenir une visibilité locale de qualité). Vous êtes peut être chargé de la restauration pour un événement important organisé par la mairie, ou bien vous avez aidé l'équipe de Boyscoot locale à mettre en place une campagne de collecte d'argent. Si l'information est locale, parlez-en à votre presse régionale.

- Suivez la tendance (votre nouveau produit est dans la mouvance du dernier jouet à la mode, ou crée le buzz sur facebook. Si votre information est liée à quelquechose dont la presse parle déjà et qui a une certaine visibilité, vous pouvez surfer sur la vague de cette actualité.

- La réussite face à l'adversité et les aventures humaines (tout le monde aime les histoires inspirantes). Si vous avez aidé quelqu'un à surmonter ses problèmes, si vous aidez une personne âgée qui ne peut plus se déplacer, si vous avez une équipe composée uniquement de femmes, si vous aidez à résoudre les problèmes d'une communauté, communiquez là-dessus.

- Résolvez un problème de société ou créez la polémique : participer à la résolution des problèmes d'une communauté, comme les SDF, ou mener une action controversée vous propulsera sur le devant de la scène.

Quand vous contactez la presse, il faut leur envoyer ce qu'on appelle un kit de presse qui contient une lettre précisant la raison de votre prise de contact, un communiqué de presse et un dossier de presse complet composé des éléments importants de votre kit marketing (information de fond, message principal, description de vos services, études de cas, équipe de management et visuels de qualité).

Envoyez ce kit au journaliste qui s'occupe de votre rubrique. Pour trouver les journalistes, regardez dans les guides de médias et les sites de relations presse en ligne. Regardez également dans les revues et les journaux eux-mêmes. Comme avec vos prospects, faites un listing des journalistes que vous ciblez et communiquez régulièrement avec eux. Lisez les revues et journaux et voyez si vous avez une information qui pourrait intéresser les lecteurs. Rédigez un article « clé en main » en fournissant tout, y compris les photos, les vidéos et les citations. Tout ce qui simplifiera la vie des journalistes vous donnera une couverture presse bon marché inestimable.

www.amyfoxwell.com

Ajoutez les critiques et les journalistes dans votre base de données client et envoyez leur tout ce qui est destiné à vos clients (démarquez la presse et vos autres contacts VIP des autres contacts de votre base de données de façon à les identifier rapidement et à pouvoir les extraire pour des opérations spéciales de communication).

De la même façon qu'avec vos clients, vos partenaires, votre personnel, une relation Gagnant Gagnant avec la presse vous sera rendue au centuple.

Soyez un Expert

Ateliers, conférences, salons professionnels ou toute autre arène vous permettant de montrer en détail, à un auditoire attentif, ce qu'est votre entreprise et la raison pour laquelle vous êtes un leader ou un expert dans votre domaine d'activité, est inestimable. Assurez-vous que le contenu de chacune de vos présentations a un intérêt pour votre auditoire et leur donne de nombreuses informations utiles. Ajoutez toutes les cartes de visite que vous recevez et tous les contacts que vous rencontrez dans votre base de donnée. Faites-en le suivi immédiatement après l'événement.

Ecrivez des articles pour des revues lues par votre cible et envisagez d'écrire un livre. Outre l'éventuel supplément de revenus apporté par la vente, les livres sont un très bon moyen de gagner en crédibilité auprès de vos clients. Les avantages à être un « expert » dans votre domaine d'activité, l'apport en terme de Relations Publiques qui en découle, les partenariats potentiels et l'augmentation des ventes rendent ce type d'investissement très rentable.

Soyez un leader et faites en sorte que les gens disent « j'ai besoin de connaître cette personne. Son entreprise est CELLE avec qui il faut faire affaire ».

www.amyfoxwell.com

Réseauter

Notre valeur nette dépendra de l'envergure de notre réseau. – Tim Sanders

Soyez un membre actif dans au moins un réseau largement représenté. Ce peut être un réseau spécialisé dans votre domaine d'activité, ou mieux encore, un réseau généraliste comme une association destinée aux petites entreprises ou aux entrepreneurs. Utilisez-le comme un forum pour être en contact avec les autres, proposer vos services, apporter votre aide à des activités communautaires, partager votre savoir, influencer la législation locale et demander des conseils.

En outre, utilisez les réseaux sociaux sur Internet au maximum de leur potentiel. La ressource qu'apporte Internet au monde du travail n'a pas de prix et vous devez en tirer profit au maximum pour rester compétitif. Inscrivez-vous sur LinkedIn et Viadeo, rejoignez les blogs et les communautés en lignes appropriées et devenez-en un membre actif.

Engagez-vous activement dans une association ou une organisation humanitaire. Vous créerez des contacts avec de nombreux leaders de votre communauté, mais vous donnerez également un éclairage positif à votre entreprise. Pensez à une association en cohérence avec votre activité professionnelle : « Unicef » pour une entreprise autour des enfants, une association qui distribue des habits à destination de l'Afrique pour un magasin de vêtements, ou « Les Restos du Coeur » pour un restaurant ou une entreprise dans le secteur agroalimentaire. Envisagez de vous inscrire dans une association avec des collègues de travail et engagez-vous, ensemble, pour une cause (en utilisant les invendus de l'entreprise, en formant les chômeurs à travailler dans votre secteur d'activité ou en améliorant l'éducation). Encouragez votre personnel à participer, récompensez les actes honorables et mettez en place des événements d'entreprise à but caritatif. S'engager dans une association caritative, c'est le summun du Gagnant-Gagnant.

Participer activement à la vie associative locale et s'engager dans des réseaux d'entreprises vous sera bénéfique sur le plan personnel et professionnel.

Les Gens Parlent : Tirez Parti de cet Outil Marketing Précieux

La recommandation, plus connue sous le nom de « bouche à oreilles », est potentiellement votre outil le plus efficace pour générer des prospects. Et c'est là où le pouvoir du Gagnant-Gagnant revêt toute son importance. Si un client a gagné en faisant affaires avec vous, vous pouvez parier qu'il partagera l'information avec son entourage. Il y a une myriade de possibilités de recommandations et, ce qui les rend si attractives, c'est que c'est quelqu'un d'autre qui se charge du marketing à votre place. C'est un outil puissant car il est peu coûteux, il est perçu comme digne de confiance (80% des personnes disent avec confiance dans l'opinion de leurs amis et de leurs collègues et suivent leurs recommandations) et il a une valeur exponentielle (votre client parlera de vous à 2 amis, qui en parleront à 2 amis et ainsi de suite). Tout le monde aime être celui qui connaît une très bonne entreprise ou un très bon service, donc servez-vous de cela. Et, puisque les recommandations sont si puissantes, pourquoi ne mettriez-vous pas en place une procédure systématique pour les encourager ?

N'hésitez pas à demander directement à vos clients de vous recommander. Faites la demande tout de suite après la collaboration ou pendant les « moments de vérité », juste après avoir rendu un service de grande qualité, et ce pour profiter de l'effet « lune de miel ». Assurez-vous ensuite d' « éduquer » vos sources de recommandations en leur expliquant qui vous recherchez, ce que vous attendez d'eux et quel est votre message central. Donnez-leur des documentations, des cartes préparées, des coupons de réduction. Simplifiez-leur la recommandation. Offrez des récompenses (réduction sur des futurs services, produit supplémentaire, etc.) ou proposez un prix spécial pour les personnes auprès de qui vos clients vous recommandent.

Vous pouvez aussi créer des partenariats et des réseaux Gagnant-Gagnant. Recommandez les services de vos clients à vos contacts. Offrez vos services en échange de recommandations (ajoutez au menu du restaurant voisin, un ticket de cinéma gratuit). Associez-vous à d'autres entreprises et recommandez-vous respectivement, trouvez des partenaires pour distribuer votre matériel. Associez votre marque à une autre pour offrir d'autres services, réaliser des conférences ou faire de la publicité. Assurez-vous que votre personnel soit informé de tous les programmes de recommandations et comprenne leur importance. Utilisez votre créativité et vos connections pour développer des programmes de recommandations Gagnant-Gagnant qui expoitent cette méthode marketing puissante.

La règle d'or en ce qui concerne les recommandations est de faire tout ce qui est en son pouvoir pour les mériter. Donnez-vous toujours à 200%, ayez un service client irréprochable et montrez-vous simplement digne d'être aimé.

La Publicité qui Marche : 8 clés pour une Publicité Efficace

Attention avec la publicité : elle peut être efficace, mais comme toutes les activités marketing, elle doit être utilisée à bon escient. Laissez les campagnes d'affichage à grande échelle aux multinationales qui ont déjà une image. Et méfiez-vous de tous ces attachés commerciaux qui viennent mendier un peu de votre budget marketing pour une annonce dans un guide lambda ou un journal. Gardez cette règle à l'esprit : si la publicité ne sert pas à faire une vente, ou à atteindre un but spécifique, elle est inutile.

La publicité que vous faites doit être performante : elle doit provoquer une réaction et une action chez vos clients, et ne pas se contenter de suciter l'approbation. En d'autres mots, vous devez mettre en place un système pour suivre et mesurer le succès de votre campagne, avoir un message attractif et un appel clair et direct à l'action. Vous devez dire à vos clients ce qu'ils doivent faire, dans les moindre détails. Pour chaque publicité, que ce soit une annonce, un positionnement dans les pages jaunes ou un email, vous devez demander à vos clients potentiels de vous contacter, de venir dans vos locaux, d'acheter un produit, de vous recommander, ou d'agir d'une quelconque autre manière. Sinon c'est de l'argent jeté par les fenêtres et vous feriez mieux de ne pas le faire.

Suivez les directives suivantes pour chacune de vos publicités et de vos courriers directs (cartes postales, flyers, etc.) :

1. Votre annonce doit figurer dans une revue ou une rubrique qui est lue par vos clients-types.

2. Votre annonce doit avoir un titre fort qui communique clairement son bénéfice au lecteur. Quel est le plus grand bénéfice que vous pouvez donner à vos clients ? Identifiez-le et mettez-le dans votre titre. Un bénéfice répond à la question « qu'est ce qu'il y a là pour moi ? » Il faut attirer l'attention du client en reposant votre annonce sur les avantages que vous fournissez. Donnez à vos clients l'envie de s'arrêter pour lire votre annonce, parce qu'ils y ont vus, du premier coup d'oeil, leur intérêt. Vous pouvez avoir une offre géniale mais si personne ne s'arrête pour lire votre annonce, elle ne sera pas efficace. Quand vous ouvrez un journal, vous lisez les articles dont le titre vous parle. C'est la même chose pour les publicités. Notez que le nom de votre entreprise ou votre logo n'est pas un bon titre. Soyez drôle, amusant, créez la polémique, faites une offre alléchante ou offrez une garantie : tout ce qui incitera les gens à vous lire. Utilisez des phrases fortes comme « Comment... », « Gratuit », « Découvrez », et assurez-vous d'inclure le mot « Vous » dans le titre (après-tout, vous vous adressez bien directement à une personne).

3. Ayez une offre attractive. Une offre incite le client à agir et vous permet de faire le suivi de votre campagne publicitaire. « Venez célébrer notre ouverture avec un verre de champagne GRATUIT ». Votre offre doit être suffisamment attractive pour que votre lecteur se dise « Pourquoi est-ce que je n'essaierai pas ? Qu'est ce que j'ai à perdre ? » En un mot, l'offre doit être irrésistible. Si c'est le cas, mentionnez-la directement dans le titre. S'il s'agit d'une offre gratuite, criez le haut et fort par tous les moyens. Tout le monde aime ce qui est gratuit. Mais ce n'est pas parce que c'est gratuit, que c'est attractif. Votre offre doit être gratuite ET répondre à un besoin, en ayant de la valeur aux yeux du client. Assurez-vous d'indiquer clairement la valeur (monétaire) de ce que vous offrez. Souvenez-vous que l'argent parle : impressionnez le client par la valeur de l'offre dont il bénéficie. « Un audit gratuit » reste abstrait pour un client. Mais « un audit d'une valeur de 75 euros », parle au client. 75 euros, c'est 75 euros après tout. Ayez confiance en votre établissement et sortez le grand jeu. Votre assurance se répercutera sur le client.

4. Présentez votre annonce sur le modèle d'un article ou d'un « publi-reportage » plutôt que de manière classique. Vous gagnerez en crédibilité. Eduquez le lecteur pour qu'il ait envie d'en apprendre plus ou qu'il vous voit comme un expert. « Les 5 choses que vous devriez savoir sur la l'homéopathie ». De nos jours, la concurrence est rude. Pour

attirer l'attention des gens, vous ne devez pas ressembler à tout le monde, vous devez vous tenir au-dessus de la masse.

5. Utilisez un langage familier qui crée un lien de confiance avec votre prospect et un contenu attractif . Si vous en avez besoin, demandez à quelqu'un de vous aider (l'investissement en vaut la peine). Donnez toujours une raison à vos offres : « Pour célébrer notre ouverture », « Pour accueillir un nouveau membre dans l'équipe », « notre anniversaire ». Créez un lien avec le lecteur, en montrant que vous comprenez leurs problématiques. Suscitez l'émotion et donnez envie de lire la suite. Mieux vous comprenez vos clients, plus votre contenu sera efficace et de qualité. Utilisez des métaphores et des images pour que le lecteur s'imagine en train d'utiliser vos services et soit déjà votre client dans son esprit. Soyez intime (ajoutez une photo de vous, pas seulement de votre entreprise, et écrivez vos annonces comme si vous écriviez à une seule personne, pas à un groupe entier). Les gens veulent savoir qu'il y a un être humain derrière le service rendu, que quelqu'un pense à eux. Rappelez-vous, créer une relation humaine est un avantage concurrentiel sur vos concurrents.

6. Ayez un appel à l'action clair qui dicte à la personne ce qu'elle doit faire de manière précise. « Réservez en appelant le 22-22-22-22-22. », « Réservez maintenant, les places sont limitées ». Chaque offre doit avoir une date limite, pour créer

un sentiment d'urgence et encourager les gens à agir. Les gens suivent les instructions à merveille mais deviennent étonnamment ineptes si vous ne leur dites pas ce qu'ils doivent faire en détail. Donnez-leur des instructions claires et spécifiques. « Appelez maintenant », « Réservez votre table », « Dites-le à vos amis », et dites-leur d'apporter l'annonce. L'appel à l'action doit être facile à comprendre et à réaliser. Si quoi que ce soit est confus ou complexe, personne ne va le faire.

7. Surmontez le scepticisme. Utilisez une garantie ou faites parler un expert reconnu à votre place. « Le meilleur sandwich de la ville ou nous vous l'offrons », « Nous sommes tellement convaincus que vous allez aimer notre travail, que si vous n'êtes pas complètement satisfait, vous n'aurez pas à payer », « Monsieur Jones affirme que nous offrons les meilleurs services personnalisés de la ville ». Les garanties sont très importantes car elles rassurent le client sur le risque qu'il prend en donnant son argent durement gagné pour tester votre entreprise. Et ils démontrent que vous avez confiance en votre entreprise. Quelques personnes vont vouloir profiter de votre garantie, mais, si vous avez confiance en votre produit, vous verrez que les nouvelles affaires remportées compenseront largement l'argent que vous aurez déboursé.

8. Utilisez les témoignages, particulièrement si ceux-ci sont issus de la presse, de critiques locales dans votre domaine ou de célébrités.

Comme pour n'importe quelle autre activité marketing, si vous ne pouvez pas clairement mesurer les bénéfices de votre activité publicitaire, arrêtez et placez votre argent dans quelquechose qui vous permet clairement d'atteindre vos objectifs. N'ayez pas peur d'arrêter une opération publicitaire et de vous recentrer. Il y a quantité d'autres activités marketing qui sont aussi efficaces, voire même plus, que la publicité.

Le GRATUIT et la Philosophie Gagnant-Gagnant

Une résistance récurrente chez les chefs d'entreprise réside dans la peur de mettre en place des offres audacieuses, comme le gratuit. Mais si vous avez confiance dans votre produit, et que vous êtes convaincu que les clients vont revenir une fois qu'ils auront découvert votre produit, les ventes pèseront beaucoup plus dans la balance que les dépenses liées aux quelques personnes qui vont profiter de votre offre et qui ne dépenseront jamais un centime chez vous. L'argent investi est faible en comparaison à l'afflux de clients qui va en résulter. Considérez cet argent comme faisant partie de votre budget marketing : utilisez l'argent destiné à de la publicité ou à une autre campagne qui ne fonctionne pas et mettez-le dans quelquechose qui marche. Comme pour tout, essayez, testez et étudiez le gain moyen et le coût de l'ensemble (pas uniquement la personne qui vient et n'achète rien d'autre, mais les 5 personnes qui viennent accompagnées de leurs amis, ET qui reviendront). Si cette activité génère une augmentation de vos chiffres, conservez-la.

Laissez-moi vous parlez d'une campagne simple mais incroyablement efficace menée par un magasin de glaces à l'italienne dans une station balnéaire où j'ai l'habitude de me rendre et qui montre le pouvoir du « GRATUIT ». J'étais dans le petit train du village avec mes deux jeunes enfants pendant nos vacances annuelles à la plage. Au moment de descendre, le conducteur nous tend un coupon pour une glace à l'italienne gratuite, un peu plus haut dans la rue (j'ai appris plus tard que le chauffeur avait pour consigne de ne distribuer les coupons qu'aux familles. Quel était l'intérêt pour l'entreprise de transport touristique ? Ils mettaient leur publicité chez le marchand de glace). Nous pouvions profiter de cette glace gratuite à n'importe quel moment et sans aucune autre condition : il ne s'agissait pas d'une glace gratuite pour une achetée ou à valoir après minuit, ou encore avec l'obligation d'être accompagné par au moins 4 autres personnes. Simplement une glace à l'italienne gratuite si on se rendait chez le marchand. Je n'aime pas particulièrement les glaces à l'italienne mais je n'ai pas pu résister à l'appel du gratuit et nous avons donc fait l'effort de nous rendre chez le marchand de glace à l'italienne (qui d'ailleurs, n'était pas sur l'artère principale, ce qui avait en effet besoin d'un bon marketing pour être concurrentiel) Et bien, nous avons fini par acheté d'autres articles (maintenant qu'ils nous avaient dans leurs locaux, ils avaient de plus grandes chances de nous vendre quelquechose), mais nous avons tellement aimé la glace à l'italienne que nous y sommes retournés plusieurs fois et c'est maintenant devenue notre coutume estivale.

Si nous faisons les comptes, diriez-vous que gagner une famille de clients fidèles vaut les 2 glaces à l'italienne gratuites dont le coût de revient était certainement inférieur à 1 euros ? Le gérant a confirmé que la campagne était une grande réussite et que leur chiffre d'affaires a augmenté le mois où ils ont mis en place cette activité marketing. Voilà un marketing simple, intelligent, peu coûteux et redoutablement efficace.

Servez-vous d'offres gratuites pour toucher de nouveaux marchés. Déposez, sur les parebrises des voitures garées dans une zone industrielle, une offre publicitaire pour présenter vos massages de milieu de journée aux personnes qui y travaillent. Soyez créatif et inciter les gens à découvrir votre merveilleux établissement. Vous savez bien qu'une fois qu'ils auront essayé, ils voudront revenir.

Le meilleur moyen d'encourager les gens à agir, c'est de supprimer le risque et de leur faire essayer quelquechose. Souvenez-vous du pouvoir du GRATUIT.

Géomarketing
ou le Pouvoir du Local

En tant qu'entreprise, une grande partie de vos clients sont probablement localisés dans un rayon de 20 kilomètres autour de votre établissement et la plupart d'entre eux préfèrent travailler avec des entreprises locales. Par conséquent, il est primordial de déterminer le type de marketing de proximité que vous devez mettre en place. Assurez-vous de récupérer le code postal de vos clients lors de vos premières prises de contact et de le saisir dans votre base de données. Concentrez vos efforts sur les zones et les codes postaux proches de votre entreprise et mettez en place des programmes spécifiques pour ces groupes. Ciblez différentes offres en rapport avec la situation géographique : des services personnalisés et de livraison pour les entreprises voisines, des réductions familiales pour les personnes plus éloignées. Utilisez des termes de recherches localisés sur votre site internet et encouragez les partenariats locaux.

Regardez autour de vous et trouvez une façon de mettre en place des packages pour différents besoins locaux. Y-a-t'il des groupes ou des clubs qui pourraient utiliser votre hôtel comme lieu de rencontre ? Si c'est le cas, créez un package avec la location de la pièce, les rafraîchissements et la mise à disposition de l'hébergement. Demandez à différents groupes et différentes entreprises ce qu'elles recherchent. Observez ce qui se passe dans votre quartier et étudiez la façon dont vous pouvez vous investir. Les packages peuvent être particulièrement efficaces en comblant un besoin qui n'est habituellement pas rentable pour votre entreprise et en concurrençant les grandes chaines qui ne peuvent pas fournir de tels services personnalisés.

Ce qu'on appelle la « Guerilla Marketing » (distribution de flyers aux passants ou dans les boîtes aux lettres, affiches publicitaires) est un moyen efficace et peu onéreux d'obtenir de nouveau clients potentiels. Ne sous-estimez pas le marketing de proximité : distribuez des flyers lors d'événements, mettez des affiches dans les universités ou placez des offres dans les boîtes aux lettres autour de votre entreprise. Couplée avec une offre attractive, et si possible quelques échantillons gratuits, ce peut être un moyen efficace de faire passer votre message.

Le marketing local est un moyen rapide, abordable et efficace d'atteindre une grande partie de votre base client

Partenariat : collaborer Gagnant-Gagnant

Le partenariat, c'est un des plus grands secrets des entreprises florissantes. Personne ne se suffit à lui seul, et il en est aussi de même pour les entreprises. La mise en place de partenariats peut vous apporter des clients, une couverture presse, du trafic sur votre site internet, de nouveaux fournisseurs et une croissance rapide. Un bon partenariat peut vous donner quantité de nouveaux groupes de personnes à approcher rapidement et de manière peu coûteuse. Une fois de plus, pensez Gagnant Gagnant en mettant en place votre stratégie de partenariat.

En choisissant des partenaires avec qui travailler, soyez stratégique. Votre partenaire doit refléter les mêmes valeurs et les mêmes buts que ceux de votre entreprise. Si vous êtes une entreprise haut de gamme, ne choisissez pas un partenaire low cost. Non seulement, ce sera inefficace car vous n'avez pas la même clientèle, mais vous risquez, par association d'idées, de dégrader l'image que les gens ont de vous. Comme vos parents vous le disaient : « dis-moi qui sont tes amis et je te dirai qui tu es ». Votre partenaire doit avec les mêmes caractéristiques que votre entreprise (même niveau de qualité, même service client, etc.). Souvenez-vous que les clients vous perçoivent de la même façon.

Concentrez vos ressources et votre temps précieux aux partenariats susceptibles de vous apporter le plus de contrats : ceux qui ont le plus d'influence auprès de vos clients-types. Allez vers les entreprises qui sont en contact avec le plus de personnes et qui ont une influence sur eux (les chauffeurs de taxi ont le temps de parler aux personnes qui n'habitent pas dans le centre ville et les gens feront confiance à leurs recommandations de coiffeurs). Vérifiez aussi leur situation géographique. La boulangerie en bas de la rue qui fournit le pain à toutes les superettes du quartier serait un partenariat intelligent pout un magasin d'alimentation gastronomique. Et pourquoi ne pas faire un marché avec une agence immobilière ? Vous pouvez les recommander à vos clients ou leur offrir une réduction sur vos services de nettoyage pour leurs bureaux s'ils acceptent de mettre, dans les maisons qui viennent d'être vendues, une de vos offres spéciales de nettoyage « Bienvenue dans le quartier ».

Soyez créatif. Il y a des quantités de moyens de travailler en partenariat : des événements co-organisés, des fêtes populaires, un partage de vos bases de données, des recommandations, des services complémentaires, etc.

Faites en sorte que la situation soit avantageuse pour votre partenaire : il la rendra bénéfique pour vous aussi !

www.amyfoxwell.com

Le Marketing Direct ou Créer le Fichier Client Idéal

En plus du démarchage dans les lieux de passage de vos clients potentiels, anonymes mais ciblés, faites une liste de personnes spécifiques : clients, personnes à qui vous avez été recommandé, journalistes, personnes qui ont demandé des informations, ou toute personne correspondant à votre client-type. Nous appelerons cette liste votre « fichier client » . Vous l'utiliserez aussi bien pour approcher de nouveaux clients que pour continuer de communiquer avec vos clients établis. L'idée est de garder un fichier d'une taille gérable et de communiquer régulièrement avec ce fichier, plutôt que d'essayer de communiquer une seule fois avec de nombreuses personnes moins ciblées. Vous pouvez construire cette liste à partir de recommandations, de coordonnées collectées, de contacts que vous avez trouvé dans des lieux spécifiques, de partenariats, de listes achetées ou par de nombreux autres moyens.

Pour construire votre listing, comptabilisez le nombre de nouveaux clients dont vous avez besoin pour développer votre entreprise et de la charge de travail que vous pouvez gérer. Commencez alors à construire une liste ciblée. Echangez vos listings avec vos partenaires et choisissez des clubs pour faire bénéficier leurs membres d'une offre spéciale. Construisez vos propres listes en récupérant des coordonnées par tous les moyens possibles. Achetez des listes spéciales à des vendeurs de listings (néanmoins, veillez à demander les listes qui correspondent à vos cibles et qui fournissent les codes postaux, les anniversaires, les personnes récemment installées dans un quartier, etc.). Les possibilités sont infinies.

Muni de votre fichier client, réalisez un plan de communication. Concentrez-vous sur ces clients sans relâche. Mettez en place une stratégie d'approche multicanal sur 6 mois, en communiquant par le biais d'un nouveau média chaque mois (email, appel télephonique, etc.). Au moment de prendre contact avec votre client potentiel, ne présentez pas directement votre argument de vente, proposez-lui simplement de venir vous voir et incitez-le avec une offre alléchante. Travaillez avec peu de prospects, mais hautement qualifiés et comme pour la publicité, parlez-leur personnellement : utilisez le nom de la personne et signez le courrier quand vous le pouvez. Mettez au point une communication à étapes ou sur des thématiques particulières, pour qu'elle soit utile à vos clients et pour qu'ils anticipent votre prochain contact. Communiquez avec vos prospects régulièrement dans le but de les convertir en clients, puis continuez à communiquer pour qu'ils restent fidèles. Un contact régulier impactera considérablement votre relation avec eux.

Il est préférable d'utiliser votre budget marketing pour communiquer régulièrement avec un petit groupe de prospects qualifiés, plutôt qu'approcher un grand nombre de prospects moins qualifiés.

Des Emails Efficaces

Comme vous, vos clients reçoivent, chaque jour, une énorme quantité d'emails. Pour que le vôtre soit lu et pour qu'on y réponde, suivez les directives suivantes :

- Ecrivez des messages courts.
- Personnalisez vos emails.
- Incluez des liens vers votre site internet avec une offre de téléchargement.
- Ayez un contenu de valeur avec des actualités intéressantes ou une offre.
- Suivez les mêmes règles que pour les autres campagnes marketing : faites un portrait séduisant du produit ou du service, utilisez une offre et faites un appel à l'action.
- N'utilisez pas de mots comme « gratuit » dans le sujet de vos emails car ce genre de mots alerte les filtres anti-spams et votre email peut ne jamais parvenir à son destinataire.
- Quand des emails reviennent comme non délivrés, que des personnes demandent à être retirées de vos listings ou que des détails ont changés, mettez votre base de données immédiatement à jour pour éviter le gaspillage et ne pas ennuyer vos clients.

Faites des essais avec différents types d'emails pour trouver celui qui obtient le plus de résultats et servez-vous de ce que vous avez appris pour d'autres campagnes d'emailing.

Qui Veut Voyager loin, Ménage Sa Monture

Décidez du budget que vous voulez allouer pour convertir chaque prospect en client. Combien d'argent est-ce que le client va rapporter sur sa durée de collaboration avec vous ? Et quel pourcentage de ce revenu êtes-vous prêt à dépenser pour obtenir ce client ? Cette information devrait régir le budget alloué à l'ensemble de vos actions marketing.

Equipé de votre budget, faites une prévision de communications régulières, en utilisant un mélange de différentes approches : email, courrier postal, appels téléphoniques, etc. Chaque communication doit apporter quelquechose (un article intéressant, un coupon de réduction, etc.). Pour les courriers postaux, envisagez les cartes postales, les colis, les lettres manuscrites, les enveloppes de couleur ou n'importe quel autre méthode pour vous démarquer. Privilégiez une communication mensuelle : pas assez régulière pour être agaçante mais assez pour rester qu'on se souvienne de vous. Ces campagnes peuvent accompagner une newsletter mensuelle ou saisonnière, ou pour plus d'efficacité, peuvent faire l'objet d'une version spéciale de votre newsletter régulière. Envisagez d'utiliser un logiciel de gestion des contacts pour mieux gérer ce qui peut très vite devenir fastidieux.

Exemple de plan d'action pour un contact cohérent :

Mois 1 – Une lettre présentant l'entreprise ou abordant un récent contact

Mois 2 – Un email avec un bon de réduction

Mois 3 – Un appel téléphonique de suivi

Mois 4 – Une réimpression d'un article de magazine intéressant

Mois 5 – Le récit d'un événement exceptionnel au sein de votre entreprise.

Mois 6 – Un autre coupon de réduction

Mois 7 – Un article sur votre entreprise

Mois 8 – L'annonce d'un nouveau service

Mois 9 – Invitation à un événement spécial

Mois 10 – Une liste d'astuces utiles

Mois 11 – Une carte de voeux et une invitation à un verre de champagne

Testez chacune des activités en petite quantité, améliorez celles qui fonctionnent et continuez à les utiliser. N'ayez pas peur d'éliminer tout ce qui ne fonctionne pas.

www.amyfoxwell.com

Test, Test, 1 2 3

Tester est la clé absolue de toutes les campagnes marketing réussies. Après tout, comment pouvez-vous savoir si une campagne a été une réussite ou non, si vous ne l'avez pas testée ? Comment savez-vous si le budget que vous avez alloué vous a rapporté beaucoup de nouveaux contrats ou si vous avez simplement jeté l'argent par les fenêtres ?

Pour tester, vous aurez besoin de suivre les résultats et de ne changer qu'un seul élément de la campagne à la fois (un titre, la cible, le montant de l'offre, la taille de la carte, etc.) pour trouver le point fort et la combinaison qui marche le mieux. Vous pouvez vous rendre compte qu'une campagne ne fonctionne pas du tout, ce qui n'est pas un problème car, si vous vous en rendez compte, vous pouvez la supprimer et mettre toute votre énergie dans une autre activité qui fonctionne.

En outre, quand vous débutez une campagne, testez-la sur un échantillon réduit pour vous assurer que votre établissement peut faire face au travail supplémentaire et pour pouvoir faire des modifications si quoi que ce soit ne fonctionne pas. Généralement, vous avez besoin de tester plusieurs versions jusqu'à en trouver une optimale. Et même quand c'est le cas, assurez-vous de revisiter le programme marketing régulièrement pour qu'il reste efficace et d'actualité.

Une fois que votre campagne fonctionne, la dernière étape consiste à la rendre systématique. Etudiez les moyens de la rendre encore plus rentable (distribution par des partenaires, frais postaux groupés, etc.) et incorporez-la au fonctionnement habituel de l'entreprise. Appliquez-la à plus grande échelle et utilisez-la pour tous les clients appropriés, expliquez la méthode à votre personnel et mettez-la dans leur guide d'entraînement pour qu'il puissent en être informés et puissent agir en conséquence.

Mettez en place une méthode de suivi des résultats et testez vos campagnes marketing afin de déterminer si elles fonctionnent. Supprimez celles qui ne marchent pas, et faites plus de ce qui fonctionne.

Remplir les Heures Creuses

Combler les périodes d'inactivité est une problématique courante de nombreux chefs d'entreprise. Si vous êtes dans un quartier animé la nuit, comment faire pour attirer les gens pendant la journée ? Si vous êtes dans une zone de passage en semaine, que faites-vous les weekends ? Les campagnes marketing avec un ciblage spécifique sont les outils parfaits pour attirer les clients pendant ces périodes. Créez des packages, des services et des produits applicables à vos périodes d'inactivité. Offrez quelquechose aux nouveaux clients ou un bon de réduction pour les clients existants qui soit utilisable seulement pendant les périodes de faible activité. Le coût de l'opération sera largement compensé par les revenus générés par les personnes accompagnant le bénéficiaire de l'offre, ainsi que par ceux qui reviendront. Vous pouvez aussi créer différents packages pour des sous-groupes comme les clubs ou les entreprises. Souvent les clubs se rencontrent à des heures spécifiques qui peuvent correspondre à vos périodes de faible activité. Planifiez des animations spéciales dans votre établissement pendant ces périodes, ou mettez en place un événement spécial pour les enfants. Soyez créatif et pensez à ce qui va plaire au client (concert en live, lectures de poèmes, dégustation de vin).

Maintenant que vous avez une base client avec laquelle communiquer, il y a des quantités infinies de choses que vous pouvez faire pour développer votre entreprise de la manière et au moment où vous en avez besoin.

POINTS D'ACTION : OBTENIR DE NOUVEAUX CLIENTS

☐ Concentrez-vous sur un petit nombre de clients et travaillez à la construction d'une relation avec eux.

☐ En construisant votre base de données, créez des groupes de profils.

☐ Collectez les coordonnées et faites-en le suivi.

☐ Planifiez de contacter votre fichier clients 6 fois en 6 mois.

☐ La répétition et l'utilisation de différents moyens de communication donnent des résultats.

☐ Rappelez-vous le pouvoir du GRATUIT : il apporte sensibilisation, essai, confiance et visibilité.

☐ Offrez de la valeur : mettez une étiquette de prix sur les exemplaires gratuits que vous distribuez.

☐ Inciter vos clients à vous recommander et rendez-leur la tâche facile.

www.amyfoxwell.com

☐ Considérez la presse comme un de vos clients : sachez comment répondre à leurs besoins.

☐ Les activités marketing devraient toujours avoir un titre accrocheur, une offre, un contenu attractif et un appel à l'action clair et précis.

☐ Mesurez tout ce que vous faites. Si ça marche, faites-en plus. Si ça ne marche pas, arrêtez.

Garder et Obtenir Plus de vos Clients Actuels

Contruire une Relation

L'objectif d'une entreprise est de créer un client. – Peter Drucker

Comme nous l'avons vu, dans le cadre de votre entreprise, il y a une manière déterminante de penser : il faut être conscient que votre client est votre atout le plus précieux. Construire une relation Gagnant-Gagnant, et fidéliser votre client, est la façon la plus intelligente de tirer profit de cet atout. Il est 5 fois plus coûteux de trouver et de gagner un nouveau client que d'entretenir une relation et continuer de vendre à un client existant. Une stratégie marketing robuste consiste donc à obtenir de nouveaux clients et à les conserver aussi longtemps que possible, en construisant une relation, en leur commercialisant des services et des produits additionnels, et en les utilisant pour promouvoir votre entreprise à votre place. En moyenne, un client a besoin d'interagir avec une entreprise 3 fois avant de devenir un client « fidèle », ce qui veut dire que vous allez devoir épater le client plusieurs fois pour que cela fonctionne.

Concentrez votre énergie sur la construction d'une relation Gagnant-Gagnant avec votre base de données clients.

Le Cycle de Vie Client et les Programmes Orientés Client

Il est utile de comprendre que votre relation que avec votre client a une durée de vie. Elle débute alors que ce client n'est encore qu'un nom sur une feuille de contacts potentiels, ou un visage qui regarde par la fenêtre de vos locaux d'entreprise, et se poursuit jusqu'à ce qu'il soit un de vos meilleurs clients récurrents et qu'il vous recommande à l'ensemble de son entourage. Votre intérêt est de faire en sorte que ce cycle de vie soit le plus long et le plus prolifique possible. Pour que votre entreprise soit rentable et solide, il faut comprendre les besoins précis du client et les solutions qu'il recherche à chacune des étapes de son cycle de vie, et de fournir le service ou le produit qui y répond en l'approchant de la manière la plus appropriée à chaque fois. Fort de la connaissance de vos clients et vos données chiffrées, il vous sera possible de décider combien chaque catégorie de clients mérite que vous lui consacriez d'argent, d'effort et quels types d'activité doit lui être appliqués. Il s'agira ensuite de mettre en place un plan d'action pour l'année.

Nous recommandons de dessiner une carte client comme celle ci-dessous, en reliant les services, les produits et les messages appropriés à chaque étape du cycle de vie Client et de développer ensuite un flux de communications marketing de manière systématisé pour les clients existants.

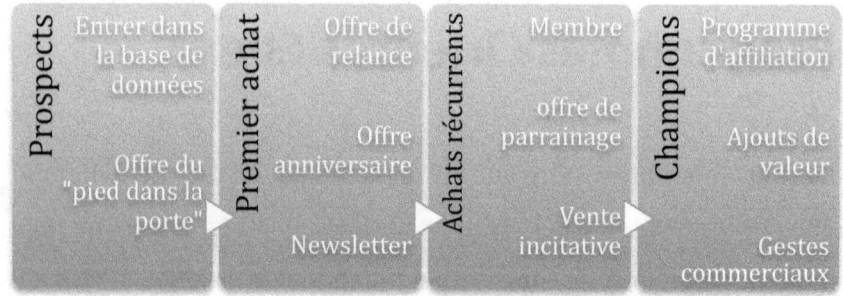

Alors, à quoi cela ressemblerait-il si on le mettait en pratique ? Imaginons le scénario suivant pour un centre de bien-être :

Un de vos clients vous donne les coordonnées de son amie qui, selon lui, apprécierait beaucoup votre spa, et vous invite à prendre contact avec elle. Après avoir ajouté ses coordonnées dans votre base de données, vous lui envoyez une offre « pied dans la porte » en lui disant qu'un client fidèle vous a recommandé et qu'à ce titre, elle bénéficie d'une réduction de 10 euros pour le soin de son choix, afin de découvrir le spa. Tout ce qu'elle a à faire, c'est de remplir le formulaire envoyé par email (qui demande des informations plus détaillées comme le code postal, la date d'anniversaire, etc.), l'apporter avec elle et profiter de son moment de bien-être. Le client entre et adore son soin (bien entendu). Afin d'ancrer votre relation naissante, vous lui envoyez une offre post-première visite, juste après sa première visite pour la faire revenir dans le mois. Vous continuez à communiquer régulièrement (newsletter, offres spéciales, offres anniversaire). Vous remarquez que le client n'est pas revenu depuis longtemps, vous lui envoyez donc une offre de relance (un verre de champagne gratuit pendant le soin par exemple). Une fois qu'elle recommence à venir régulièrement, demandez-lui des recommandations (en lui donnant un carte préremplie de parrainage et un élément incitatif) et commencez à lui présenter vos autres produits (livres, packages, services supplémentaires, etc.). Une fois qu'elle fait partie des 10% de vos meilleurs clients, offrez quelque chose de valeur en supplément (un massage, un traitement de peau complémentaire, une soirée « client privilégié » avec un traitement spécial, une carte de vœux, etc.). Intégrez-la également dans un club, en lui donnant de petits lots réservés à vos plus fidèles clients.

Un processus de relation commerciale à étapes est la clé pour démultiplier votre base client.

Gravir l'échelle de Fidélité

Situé à une étape de son cycle de vie avec vous, votre client est aussi sur une échelle métaphorique, sur une marche qui dépend de sa relation avec vous. Il entre au centre de l'échelle. Plus il est content, plus il est fidèle, plus il monte l'échelle en vous apportant de la valeur et des recommandations. Mais s'il n'est pas satisfait, il descend l'échelle. Votre but est de l'aider à atteindre le sommet.

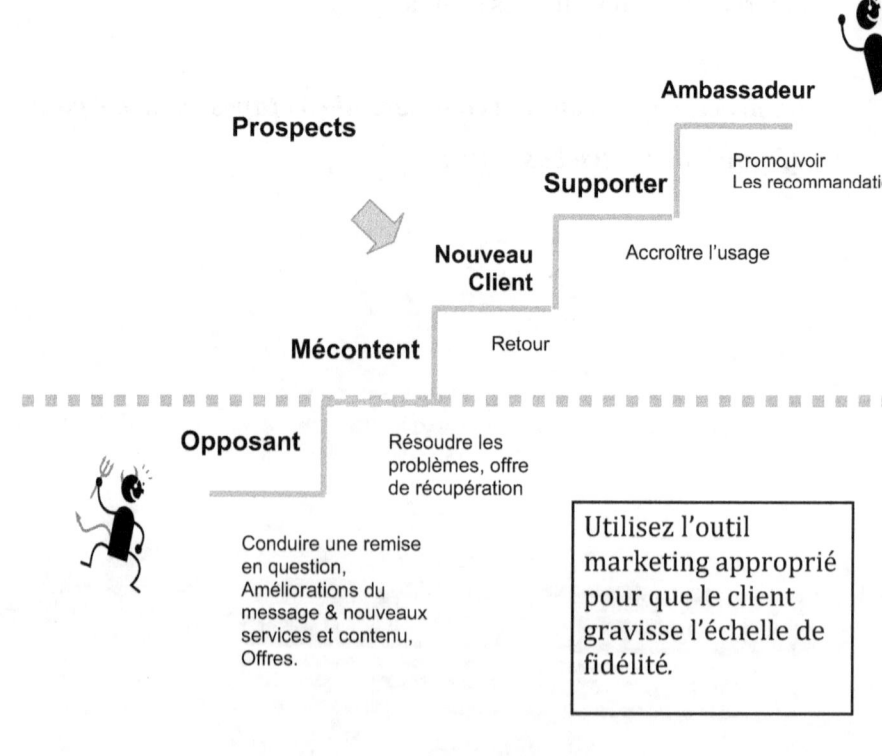

Ambassadeur

Prospects

Promouvoir
Les recommandations

Supporter

Nouveau Client

Accroître l'usage

Mécontent   Retour

Opposant

Résoudre les problèmes, offre de récupération

Conduire une remise en question, Améliorations du message & nouveaux services et contenu, Offres.

Utilisez l'outil marketing approprié pour que le client gravisse l'échelle de fidélité.

www.amyfoxwell.com

Cette image est importante pour vous aider à mieux apprécier la façon dont vos clients interagissent avec vous. Elle vous aidera à organiser vos activités marketing atour de la fidélisation de vos clients. Voici comment cela fonctionne :

Déterminez la valeur de votre client, sa Valeur Actualisée (combien d'argent ce client va-t-il vous faire gagner pendant le temps qu'il va passer avec vous) et sa propension à vous recommander (vous apporte-t-il de nouveaux clients ? Ceci a de la valeur). Maintenant, donnez un score à chacun de vos clients et intégrez ce score dans votre base de données client. En parallèle, vous devez créer un classement pour déterminer la valeur de chaque marche de l'échelle.

Maintenant, recoupez les informations de vos clients ou de vos groupes de clients pour déterminer leur emplacement sur l'échelle. Une fois que vous avez déterminé la position de chaque client et l'importance de chaque marche, vous pouvez associer les programmes marketing appropriés à chaque étape, avec pour objectif de faire grimper les clients à l'échelle et les rendre les plus fidèles et les plus précieux possible.

Pendant que vous réalisez cela, vous vous rendrez compte que certains de vos clients sont en bas de l'échelle. Ce n'est pas problématique. Vérifiez qu'ils ne sont pas là à cause d'un service de mauvaise qualité mais simplement parce qu'ils ne sont pas précieux pour vous (la plupart des entreprises ont un groupe de clients qui, à cause du coût à faire affaire avec eux, rapportent peu ou même coûtent de l'argent). Une fois que vous avez déterminer qu'il n'y a pas de problème à résoudre concernant votre service ou vos produits, laissez ces personnes descendre de l'échelle. Cela réduit vos frais, laisse plus de places sur l'échelle pour des personnes plus qualifiées et laisse ceux qui sont partis trouver une échelle plus appropriée.

Utilisez le marketing Gagnant Gagnant pour faire grimper vos clients sur l'échelle de fidélité.

Encourager les Visites Récurrentes

En raison de leur faible coût et de leur grande efficacité, les campagnes de fidélisation devrait prendre une part importante dans votre stratégie marketing. Focalisez-vous sur la manière de faire revenir vos clients régulièrement, et idéalement dans le mois qui suit le premier achat. Utilisez les coordonnées fournies dans le questionnaire de satisfaction pour les remercier d'avoir essayé vos services, en accompagnant la lettre d'une offre rebond (un cadeau gratuit, un bon de réduction pour leur prochaine visite, ou une entrée gratuite si la personne revient avec un autre invité). Une campagne de fidélisation est une activité marketing simple et efficace qui accroît les visites récurrentes. Lors de la première visite d'un client, au moment du départ, remettez-lui un coupon avec une offre simple à valoir sur sa prochaine visite. L'offre ne doit pas avoir de condition restrictive et doit être valable dans les 6 mois. Demandez-lui d'apporter ce coupon et assurez-vous de remplir les informations de contact du coupon (nom, email, code postal et date d'anniversaire au minimum), de manière à pouvoir lui envoyer d'autres offres. Mesurez les résultats, modifiez le programme si besoin et si vous déduisez que la méthode encourage les achats récurrents, introduisez-le dans votre système marketing.

Ayez pour objectif que 75% de vos clients deviennent des clients réguliers.

www.amyfoxwell.com

Utiliser les Newsletters

Les newsletters peuvent être un moyen efficace pour mettre des informations sur votre entreprise dans les mains de vos clients, et également pour marquer leurs esprits. Pensez à tout ce revenu potentiel non réalisé de ces clients qui ont oublié à quel point vos prestations sont de qualité, qui ne se rappellent plus où vous êtes ou qui ont pris l'habitude d'aller chez les concurrents. Une newsletter vous différencie de la concurrence, vous donne une personnalité et construit une relation avec vos clients.

Envoyez des newsletter par email et d'autres par courrier postal pour varier. Ne vous inquiétez pas de la taille de la newsletter, assurez-vous simplement d'y inclure des récits et des informations intéressantes (des nouvelles de votre équipe, des détails sur la rénovation de votre magasin, ou encore une nouvelle ligne de produits). Utilisez des informations pertinentes et montrez que les membres de votre équipe sont les leaders de leur domaine d'activité, ou que vous investissez dans l'entreprise pour le confort de vos clients. Pensez à inclure une offre spéciale ou un coupon de réduction (uniquement avec la newsletter afin de vous assurer de son efficacité). Vous pouvez aussi ajouter une étude de cas ou des caractéristiques spéciales pour éveiller la curiosité. Remerciez les clients qui vous ont recommandé, ou consacrez un encart spécial à un de vos clients fidèles ou de vos partenaires. Précisez les noms, les récits et les anecdotes de vos clients. Demandez à votre personnel de participer et présentez l'employé du mois. Les possibilités sont infinies. Notez vos idées et vos inspirations du moment dans un fichier et sortez-le quand vient le moment d'écrire la newsletter.

La fréquence idéale est d'une newsletter par mois. Si cela n'est pas faisable, combinez une newsletter saisonnière avec d'autres offres mensuelles.

Faites en sorte de marquer les esprits de vos clients et donnez-leur une bonne raison de revenir (un bon de réduction, une offre spéciale, des nouveautés intrigantes).

Adhésion, Occasions Spéciales et Gestes Commerciaux

Tout le monde aime être membre d'un club. Des recherches montrent que plus de 70% des gens sont membres d'un club. Vous pouvez capitaliser sur cette tendance en formant un « club » avec vos clients les plus importants et les plus fidèles, en créant ainsi un lien émotionnel envers votre établissement, une propension à recommander et une augmentation de la fréquence des visites. Un club crée des attaches (plus vous avez d'attaches avec quelqu'un, plus la rupture de la relation est difficile) et permet de rassembler davantage d'informations sur la personne. De plus, une base de données de membres fidèles avec qui vous pouvez communiquer régulièrement aide à négocier des partenariats.

Cela peut prendre la forme d'un programme de fidélité déjà existant et dont vous pouvez devenir membre, ou vous pouvez opter pour votre propre programme, moins compliqué et moins cher, bien qu'il requiert du temps de gestion.

Le club devrait consister en :
- Récompenses (bons de réduction, offres gratuites, offres de partenariat, etc.)

- Privilèges spéciaux (service prioritaire, traitement VIP)
- Faire que votre client se sente spécial (cartes de noël, etc.)
- Raisons irrésistibles de revenir (événements spéciaux, etc.)
- Récompenses pour des recommandations (offre « parlez-en à un ami » et cadeaux gratuits)

Les programmes de fidélité sont aussi un moyen efficace de créer de la loyauté grâce auxquels les clients se voient offrir quelquechose après un certain nombre d'achats. Ce peut être la $10^{\text{ème}}$ coupe de cheveux gratuite, ou un cadeau gratuit à la $5^{\text{ème}}$ visite. Assurez-vous d'offrir quelquechose qui a une valeur perceptible et qui est réalisable. Un système de carte de visites, par exemple, rapide et simple qui peut entrer dans un portefeuille et permet le décompte des achats, maintient votre entreprise à l'esprit du client et peut se mettre en place facilement.

Que vous développiez ou non un club, les occasions spéciales sont une excellente excuse pour communiquer avec tous vos clients, en créant une relation personnelle et en leur rappelant que vous êtes là. Envoyez une offre pour les anniversaires, la fête des mères, la Saint Valentin, et toute autre occasion adaptée à votre activité. Pensez aussi à des gestes commerciaux aléatoires (une invitation à un événement, un cadeau joint à une lettre pour vos clients fidèles, etc.).

Mettez en place des programmes qui enthousiasment et ravissent vos clients, qui font sortir votre entreprise du lot et qui marquent les esprits.

Un Service Client d'Excellence

L'objectif absolu et fondamental est de faire de l'argent à partir de la satisfaction client. – Sir John Egan

Un service client de qualité est un des atouts marketing les plus puissants, bien que peu utilisé, qu'une entreprise puisse avoir. Un client content, ou mieux, un client mécontent qui a été reconquis, est un atout fort pour gagner des clients. En revanche, un client déçu est un tsunami, capable de détruire votre entreprise. Un client satisfait vous recommande à 2 amis, mais un client mécontent et en colère parlera à 7 personnes ou plus. Faites les comptes. En application de la philosophie marketing Gagnant-Gagnant, si votre client a obtenu une mauvaise prestation, vous n'avez pas répondu à ses besoins et il a « perdu ». Il vous donnera donc moins de valeur, ce qui impactera votre entreprise négativement. Vous ne pouvez pas vous permettre d'ignorer les clients mécontents ou de fournir un service client qui n'est pas exemplaire. Il est essentiel que vous répondiez aux besoins de vos clients et que vous fournissiez un service client irréprochable.

Rappelez-vous la philosophie Gagnant-Gagnant. Si vos clients gagnent en bénéficiant d'une formidable prestation, vous allez être également gagnant grâce à leur fidèle soutien et leurs recommandations.

www.amyfoxwell.com

Connaître Votre Client pour Pleinement le Satisfaire

La base d'un service client de qualité, c'est la compréhension des besoins et des attentes de votre client. Ne vous contentez pas de satisfaire ses attentes, dépassez-les. Combler vos clients devrait être votre mantra (et celui de votre personnel). En ayant cela à l'esprit, vous devez analyser TOUT ce que vous faites : la décoration, le service, votre produit, l'équipe. Absolument tout doit être passé au crible. Si un élément n'est pas conforme à ce qu'il devrait être, supprimez-le ou changez-le.

Utilisez vos questionnaires de satisfaction pour demander à vos clients comment ils ont entendu parler de vous, s'ils recommanderaient votre entreprise, à quels besoins vous répondez et des suggestions. Envoyez des questionnaires plus complets à vos clients les plus fidèles pour obtenir des informations pratiques. Réitérez l'opération tous les 6 mois auprès d'un groupe différent de votre base clients. Le sondage doit comporter des questions d'ordre démographique (code postal, sexe, etc.), des questions psychographiques (besoins, peurs, etc.), de satisfaction (vous recommanderaient-ils à un ami ?) et une demande de suggestions. Le sondage doit être court (pas plus de 10 questions) et si besoin échelonné sur une certaine période pour obtenir un meilleur retour. Pensez à récompenser les personnes qui remplissent votre questionnaire. Voici le genre de questions que vous pouvez poser : pourquoi avez-vous fait appel à nos services ? Que faisons-nous que les autres ne font pas ? Que manque-t-il sur le marché ? Qu'est ce que vous aimeriez que nous fassions ? Que « tolérez-vous » dans d'autres entreprises ? Que feriez-vous si vous êtiez à la tête d'une entreprise comme la nôtre ?

Identifiez un groupe d' « ambassadeurs » composé de clients fidèles et faites-en un conseil consultatif à qui vous pouvez vous adresser, faire des sondages, et qui peut vous aider à rédiger vos supports commerciaux. Donnez de l'importance aux membres de ce groupe et n'oubliez pas de les récompenser d'une manière ou d'une autre.

Connaissez et portez une attention particulière aux remarques qui reviennent de manière répétitive dans les critères de jugement de votre établissement. De plus, porter attention à des éléments additionnels que vos clients n'ont pas osé vous demander directement, mais dont ils se rendront compte, sans aucun doute.

Pour chaque action, chaque produit, chaque service et chaque événement, demandez-vous « Cela satisfera-t-il pleinement mon client ? » La réponse doit être positive.

Qualité et Relation Commerciale Spectaculaire

Le marketing, aussi bon soit-il, ne peut pas transformer une entreprise incompétente en entreprise à succès. La qualité est la pierre angulaire du Marketing Gagnant Gagnant. Vous existez, après tout, pour que le client soit « gagnant ». Pensez à ce que vous réussissez le mieux et faites-le très, très bien. Il est préférable d'avoir peu de services ou de produits, basés sur une véritable expertise, qu'avoir beaucoup d'offres médiocres qui ternissent votre réputation. Il doit y avoir des avantages attractifs pour le client (produits de qualité, ambiance agréable, service irréprochable) et souvent plusieurs avantages cumulés, pour qu'une entreprise prospère. Assurez-vous de savoir où repose votre excellence et ajoutez-y un service client formidable. Ayez toujours un produit de qualité et un service client de qualité. Et surpassez-vous, toujours !

Pour exceller dans votre service client, suivez les étapes ci-dessous :

1. Contrôlez votre service client. Avez-vous un très bon service client ? Connaissez-vous les améliorations à apporter ? Connaissez-vous les besoins et les attentes de vos clients ? Le service client est un formidable outil pour se démarquer de

la concurrence. Dans le monde d'aujourd'hui, où l'offre est apparemment illimitée, tout est question de satisfaction du client. Votre service client est votre élément différenciateur. Faites-vous passer (ou un membre de votre famille ou de vos amis) pour un client mystère et étudiez la façon dont vous êtes traité. Appliquez les politiques client les plus aimables. Récupérez à votre avantage les clients mécontents, tournez-leur autour. Ils sont souvent plus intéressant qu'un client lambda. Ecoutez les plaintes (vous apprendrez quels sont les besoins auxquels vous ne répondez pas, les points d'amélioration et quelles sont les opportunités pour de nouveaux services).

2. Prêtez attention aux détails. Tous les détails ! Sortez régulièrement de votre rôle de manager et entrer dans votre établissement en vous mettant à la place du client. Faites le tour et prenez note de chaque détail. Y-a-t-il de la poussière sur les tableaux ? Une ampoule grillée ? Rappelez-vous que l'image d'ensemble est composée de détails.

3. Votre personnel est le premier contact de vos clients avec l'entreprise. Il est donc important de l'impliquer dans le programme de satisfaction. Formez-le et responsabilisez-le pour qu'il prenne des décisions adaptées et soit capable de gérer les clients mécontents. Donnez-leur un budget à utiliser à leur discrétion pour régler les problèmes (toute somme jusqu'à 50 euros est permise, par exemple). Un employé doit savoir que, si un client est mécontent, quelle

que soit la raison, il ne doit pas discuter ses remarques, ni trouver des excuses, mais lui offrir un bon de réduction pour une prochaine visite sans poser de questions. Réservez une partie des rémunérations de vos employés aux notations sur la qualité du service client sous forme de primes. Etablissez un programme d'employé du mois en relation avec les retour clients et récompensez un service client exemplaire.

4. Faites un jeu de rôle dans toutes les réunions internes à l'entreprise, où un de vos employés se met à la place du client. Chaque réunion doit prendre en considération le client en tant qu'individu et toutes les décisions prises doivent en tenir compte.

5. Ne vous contentez pas de satisfaire vos clients, émerveillez-les. Trouvez des moyens de les fidéliser, pour qu'ils vous aiment et parlent de vous autour d'eux.

6. Demandez-vous continuellement ce qui tourmente vos clients. Mettez-vous dans leurs souliers et demandez-vous ce qu'ils attendent vraiment.

7. Informez vos clients sur ce qu'ils peuvent attendre de vous s'ils ne sont pas satisfaits. Assurez-vous que vous possédez une garantie claire, appliquée à chaque fois que l'occasion se présente.

8. Faites un tableau pour évaluer la satisfaction de votre client, depuis la prise de contact jusqu'à leur départ, et même après leur départ. La façon dont ils sont reçus, la façon dont ils sont traités. Vous devez mettre par écrit la procédure à suivre à chaque étape et la manière dont le client doit être traité à

chaque moment, en vous assurant de sa satisfaction tout au long du processus. Construisez une relation en ayant un échange à chaque point de contact. Assurez-vous de saisir toutes les opportunités pour les contenter. Mettez en place des programmes pour chaque étape de leur cycle de vie : l'accueil, la recommandation à un ami, des gestes commerciaux aléatoires, un abonnement à un club. Montrez-le à votre personnel : prenez en compte leur avis et ce qu'ils pensent pouvoir être fait ou amélioré. Ils sont au front et auront forcément les idées les plus pertinentes. Placez un graphique de satisfaction du client dans le manuel de travail de vos employés pour qu'ils sachent quoi faire à chaque fois pour que le client soit satisfait.

9. Assurez une satisfaction client cohérente. Vos clients sont contents des services que vous avez fournis. Ils vont revenir et vous recommander en fonction de cette expérience commerciale. En conséquence, vous devez leur fournir un service équivalent ou meilleur la fois suivante. La cohérence dans la relation commerciale avec vos clients est essentielle pour développer à long terme une entreprise robuste.

Un service client de haute qualité, le contrôle permanent de l'avis de vos clients et un entraînement spécifique de votre personnel à la gestion client sont des éléments cruciaux pour garantir une relation commerciale Gagnant-Gagnant à vos clients.

Nouveaux Canaux de Revenus : Obtenir plus de Vos Clients

La vente additionnelle est un moyen essentiel de trouver de nouveaux canaux de revenus, développer votre entreprise et accroître vos bénéfices. Vous devez utiliser la base de données client que vous avez développée et obtenir qu'ils partagent un peu plus de leur portefeuille avec vous, ce qui veut dire que vous voulez leur proposer plus de produits et de services. Encore une fois, pensez Gagnant Gagnant. Que pouvez-vous fournir qui leur serait utile et leur rendrait la vie plus simple et plus agréable ? Des livres sur le sujet ? Une ligne de produits de vos spécialités ? Des cours privés ? Il n'y a pas de limites. Soyez créatif. Vous vous inquiétez du manque de temps pour produire quelquechose ? Envisagez un partenariat avec un autre fournisseur de services complémentaires, de produits en marque blanche, ou engagez un auteur anonyme pour écrire vos publications éventuelles. Associez-vous à un tiers de confiance que vous respectez pour fournir des produits packagés ou complémentaires aux vôtres et partagez les bénéfices. Analysez la façon dont les clients utilisent vos produits ou services et trouvez les produits qui lui faciliteraient la vie. Etudiez ce qu'il fait avant, après et pendant son interaction avec vous pour déterminer à quel moment vous pouvez fournir des services ou des produits complémentaires.

www.amyfoxwell.com

Vous devrez aussi travailler à accroître les dépenses moyennes par visite client. Pour y arriver, vous devriez tester quelques idées pour voir lesquelles fonctionnent. Trouvez quelle idée a la marge la plus importante et développez des « packages » autour de cette idée. Suivez les exemples des chaines de fastfood comme « Mc Donalds » ou « Quick » qui créent des menus spéciaux pour faciliter l'acte d'achat pour le client et capitaliser sur les ventes additionnelles. Essayez une sélection prédéfinie haut de gamme de vos meilleurs services. Mettez une liste de vos produits dans la salle d'attente et demandez à vos employés de suggérer des produits spéciaux. Si la présentation est suffisamment attractive, les gens seront intéressés. Ces clients font déjà affaires avec vous et sont prêts à dépenser leur argent : ils sont la cible parfaite pour vendre plus.

Une fois que vous avez un client et qu'il est content de vos services, il sera plus que ravi d'obtenir plus de vous.

POINTS D'ACTION : CONSERVER VOS CLIENTS

☐ Tracez le cycle de vie de vos clients et déterminez les activités marketing à mettre en place à chaque étape du cycle.

☐ Créer des campagnes orientées client : visites régulières, newsletters, clubs, programmes de fidélité.

☐ Réalisez un audit de votre service client et mettez en place un système de satisfaction des clients.

☐ Cherchez des moyens d'impressionner vos clients.

☐ Développez des canaux de revenus supplémentaires (produits, services, livres, etc.)

☐ Déterminez les moyens d'accroître les dépenses de vos clients à l'aide de produits, d'offres et de services spécifiques.

La Sagesse Entrepreneuriale

Management

Agir est la clé maîtresse du succès. – Pablo Picasso

Vous avez maintenant à votre arc les cordes essentielles du marketing Gagnant-Gagnant et vous avez du pain sur la planche ! Utilisez la gestion du temps pour faire avancer les choses. Bloquez du temps tous les jours pour revoir votre stratégie marketing et determiner au moins 5 tâches marketing à faire chaque semaine. Mettez en place une thématique marketing chaque mois et organisez vos idées de campagnes autour. Testez une nouvelle activité marketing par mois. Si elle fonctionne, conservez-la, si elle ne fonctionne pas, modifiez-la ou supprimez-la. Impliquez votre personnel dans des brainstorming pour trouver de nouvelles idées marketing et utilisez leur expertise pour les mettre en place. Essayez un assistant virtuel ou un package marketing personnalisé. Il y a des services pour tout, pour vous aider dans n'importe quelle tâche. Ne laissez pas la peur, le manque de temps ou l'ignorance vous empêcher de faire les choses correctement pour votre entreprise.

En mettant toute votre énergie au marketing tous les jours, vous boosterez vos profits, le nombre de vos nouveaux clients et vous développerez votre entreprise.

Faire l'Audit de votre Marketing Actuel

Passez en revue les activités marketing que vous réalisez actuellement. En faites-vous suffisamment ? Mesurez-vous vos actions ? Connaissez-vous les résultats de ces actions ? Est-ce qu'elles fonctionnent ? Quel est leur coût ? Connaissez-vous leur efficacité ? Savez-vous combien d'argent vous dépensez pour chaque nouveau client ? Etudiez tout ce qui est mis en place actuellement : publicités dans les pages jaunes, flyers, brochures, etc. Est-ce que toutes vos communications définissent clairement les bénéfices de vos clients (connaissez-vous quels sont les avantages de votre entreprise, du point de vue de vos clients) ? Est-ce que les titres de vos supports de communication sont attractifs au point que les gens arrêtent de marcher pour les regarder ou bien utilisez-vous votre nom d'entreprise et votre logo ? Avez-vous une garantie (« Vous serez entièrement satisfait ou bien remboursé »), et une offre alléchante (« 10 euros de réduction sur votre prochain achat ») ? Est-ce que vos supports de communication sont placés à des endroits stratégiques où vous êtes sûr que vos clients vont les voir ? Pouvez-vous mesurer si ces activités fonctionnent ? Avez-vous mis en place des systèmes pour surveiller l'efficacité de chacune de vos offres ? Avez-vous analysé ce qui fonctionne ? Faites-vous en plus ? Avez-vous éliminé ce qui ne fonctionne pas ?

www.amyfoxwell.com

Tirez profit de votre nouveau savoir pour répondre à ces questions et mettre en place un plan d'action qui utilisera un marketing intelligent et vous aidera à atteindre vos objectifs professionnels et votre vision. Analysez tout ce que vous faites en gardant à l'esprit la fameuse « loi de Pareto » : 20% de votre marketing vous donne 80% de nouveaux clients, 20% de vos clients vous apportent 80% de vos revenus, 20% de vos efforts vous apporte 80% des résultats. Continuez à identifier et à vous concentrer sur ces 20% et éliminez le reste. Cela recentrera votre entreprise et affinera votre stratégie.

Pour finir, il est important d'avoir un plan à garder sur les rails et d'avancer continuellement. Cependant, veillez à ce que votre plan ne soit pas gravé dans le marbre et que vous puissiez le modifier en fonction des résultats de vos campagnes, si vous découvrez de nouvelles opportunités client. Faites le serment de revoir votre plan tous les mois. Continuer de faire ce qui fonctionne, éliminez ce qui ne fonctionne pas, essayez quelquechose de nouveau et faites des modifications au fur et à mesure.

Ayez un plan marketing ciblé et bien réfléchi qui se développera avec votre entreprise.

Le Savoir

Le savoir est vraiment la colonne vertébrale de votre entreprise. Les entrepreneurs qui réussissent sont les mieux informés, et il n'y a pas d'exception à la règle. Ils connaissent avec précision leurs clients, la concurrence, le marché et les nouvelles technologies. Ils maintiennent ce savoir à jour, en lisant constamment, en faisant des recherches et en mettant à jour leurs connaissances de base. Et avec une attitude Gagnant-Gagnant, ils partagent ce savoir autour d'eux.

Il y a plusieurs domaines dans lesquels vous devez concentrer vos efforts : les clients, la technologie, l'activité de l'entreprise et la concurrence.

Connaître vos clients. Trouvez tout ce que vous pouvez savoir. Utilisez les techniques dont les grandes lignes ont été présentées dans les pages précédentes pour connaître votre client comme s'il était un membre de votre famille.

Connaître la technologie et comprendre le futur. Maintenez-vous informé des nouveautés et de ce qui se passe dans le monde, les tendances de consommation et les nouveaux développements dans votre domaine d'activité.

Connaître l'entreprise. Faites-vous une bibliothèque de livres sur l'entreprise. Utilisez-les, prenez des notes, revenez-y régulièrement pour trouver des références ou de l'inspiration. Parlez avec d'autres chefs d'entreprise et récupérez des idées des entreprises florissantes dans des domaines variés, pas seulement dans votre domaine d'activité.

Connaître votre concurrence et le marché. Votre entreprise n'existe pas pour rien. Elle n'est pas, ne peut être basée uniquement sur votre vision, votre mission et vos objectifs. Au contraire, avec l'accès de plus en plus important aux informations par les clients, vous existez en relation avec le contexte autour de vous et vous devez être concurrentiel à l'intérieur de ce schéma. Pour être concurrentiel, vous devez prendre le pouls de votre domaine d'activité (ce que les gens cherchent, ce qui leur manque, ce qui se passe, etc.) et de vos concurrents (ce qu'ils offrent, leurs forces, les failles dans leur stratégie ou dans leurs offres). Connaissez-vous vos concurrents directs (les entreprises qui font exactement la même chose que vous) ? Que savez-vous de la concurrence ? Trouvez autant d'éléments que vous pouvez, décelez la brèche dans leur offre, imaginez un service supplémentaire que vous pourrez proposer. Déterminez qui sont vos concurrents dans tous les cas et connaissez-les en détail : leurs produits, leurs offres, leur part de marché, leur promesse unique de vente, leurs partenariats, leurs clients, leurs promotions, leurs distributeurs, la couleur de leurs chaussettes et où ils partent en vacances. Comprendre la configuration du terrain vous aidera à connaître les éventuelles menaces de cette concurrence, mais aussi à découvrir des opportunités pour de nouveaux services ou produits.

Classer votre connaissance de la conccurence en catégories avec une analyse traditionnelle de type SWOT (ou MOFF en français : Menaces, Opportunités, Forces et Faiblesses). C'est un outil efficace pour organiser les informations que vous avez sur la concurrence.

Pour simplifier, faites un tableau comme celui ci-dessous :

Forces : quelles sont les forces de votre concurrence ? Ont-il des prix imbattables ? Ont-ils une réputation qui les rend incontournables ? Ont-ils une relation forte avec les distributeurs ?	**Faiblesses** : où sont les failles et quelles sont les faiblesses de vos concurrents ? Un service qu'ils ne fournissent pas ? Un service client inexistant ? Est-ce qu'ils ne couvrent pas certains domaines stratégiques ?
Opportunités : où sont les opportunités sur lesquelles vous pouvez être compétitif ? Pouvez-vous fournir une zone géographique que vos concurrents ne peuvent pas ? Avez-vous une spécialisation que les autres n'ont pas ?	**Menaces** : dans quels domaines la concurrence est-elle une menace ? Est-il possible que vos conccurents fassent un partenariat stratégique avec un de vos distributeurs ?

L'analyse de ce tableau vous donnera un aperçu rapide des stratégies à explorer pour être concurrentiel. Mais vos concurrents avancent eux aussi et vous devrez mettre régulièrement ces informations à jour.

Etre proactif, en se tenant continuellement informé, vous permettra de créer des situations Gagnant-Gagnant pour vos clients et vos partenaires.

Le Juste Prix

Une règle à suivre est de ne jamais exercer une concurrence par les prix (il y aura toujours quelqu'un pour proposer un prix moins cher que le vôtre et vous serez toujours perdant). Le prix ne doit pas être un avantage concurrentiel. Vous pouvez ajoutez de la valeur de mille manières différentes autrement que par le prix (un service client exemplaire, une livraison simplifiée, des garanties imbattables). Au contraire, augmenter les prix peut avoir un impact instantané sur vos bénéfices. Beaucoup de chefs d'entreprise sont effrayés d'augmenter leurs tarifs à l'idée de perdre une opportunité d'affaires. Ainsi, beaucoup de prestations sont sousestimées. Mais le fait est que, sauf cas particulier, la plupart des gens ne fondent pas leur décision d'achat sur le prix seul. Regardez toutes les lunettes Ray Bans ou Chanel que les gens portent autour de vous. Cela montre simplement que le prix n'est pas le seul critère à prendre en compte dans le comportement d'achat. Si vous avez une vraie différentiation, si vous avez ciblé votre audience correctement et qu'ils voient une valeur dans votre produit pour laquelle ils sont prêts à payer, vous pouvez facturer un prix plus élevé. Paradoxalement, les clients associent prix et qualité et la plupart des entreprises se rendent compte que, lorsqu'elles augmentent les prix, elles vendent plus, ont un taux d'achats par tête plus conséquent et cultivent une clientèle plus intéressante.

Même si ce n'est pas facile à faire, ne laissez pas la peur de la compétition ou le manque de confiance vous arrêter. Prenez quelques éléments et testez-les à un prix plus élevé. Faites le point sur les bénéfices. Souvent, en vendant moins à un prix plus élevé, vous réalisez plus de chiffre, en raison des coûts de production. Augmentez vos prix de 10% aujourd'hui, regardez ce qui se passe, analysez votre bénéfice et ajustez en conséquence.

Si vos prix sont 10% trop bas, vous devrez faire 3 fois plus de travail pour obtenir le même résultat. Si vos prix sont 10% trop haut, vous pouvez perdre 43% de chiffre et avoir la même rentabilité. - Larry Steinmatz

Processus et Systèmes

La mise en place de processus et de systèmes sont des moyens peu connus de renforcer une entreprise. Cela permet de développer l'efficacité de votre entreprise, mais aussi d'assurer à votre client la même qualité de service, à chaque fois. C'est en grande partie la raison pour laquelle vos clients sont des clients réguliers et vous recommandent. Ils ont apprécié le service donné la première fois et attendent la même chose les fois suivantes. Pour y parvenir, vous devrez formaliser les processus et former votre personnel.

De la même façon, vous devez systématiser toutes les activités de l'entreprise, y compris le service client, les relations de partenariat, les différentes tâches du personnel et le marketing. Les systèmes responsabilisent tout le monde et, une fois que vous avez déterminé quelles actions, campagnes et services réussissent à l'entreprise, vous devez les rendre systématiques avec un personnel qui réalise le travail de manière structurée, ce qui évite de longues heures perdues, le gaspillage, les tâches fastidieuses et les situations inattendues.

Trouvez quels sont les processus qui fonctionnent et systématisez-les pour garantir qu'ils seront toujours utilisés correctement et que le client bénéficiera toujours du même service.

www.amyfoxwell.com

Personne ne se Suffit à lui Seul

Où vous situez-vous dans tout ça ? Une chose que beaucoup d'entrepreneurs perdent de vue est que leur entreprise est le reflet d'eux-mêmes. Votre développement personnel se reflètera dans le développement de votre entreprise.

Le coaching et le mentoring sont deux des secrets les mieux gardés du succès. Avoir un mentor est une étape importante à franchir pour vous développer personnellement et développer en même temps votre entreprise. Ce n'est pas un hasard si l'apprentissage a toujours été une des meilleures façons d'apprendre un métier et de transmettre les connaissances à travers le temps. Prenez exemple de la sagesse et de l'expérience qui ont fait leurs preuves avant vous et bénéficiez des contacts et des ressources qui seront mis à votre disposition. Assurez-vous d'avoir un mentor, un expert et un leader dans votre domaine d'activité qui vous conseillera, vous donnera des contacts et vous aidera à éviter nombre de pièges dans lesquels tombent les néophytes. Il y a des programmes de mentoring dans les réseaux et les organisations professionnelles mais vous pouvez aussi identifier les leaders dans votre domaine d'activité, ceux dont vous souhaitez suivre l'exemple. Contactez-les directement, en leur expliquant la raison de votre appel et qu'être votre mentor ne leur prendra que qu'une demi-heure par mois.

En meme temps, pensez à faire appel à un coach pour vous faire progresser dans votre performance globale, pour vous aider à fixer des objectifs, et pour vous apporter des compétences spécifiques. De plus, un réseau d'entrepreneurs et de dirigeants est un excellent forum pourrécupérer des conseils, apprendre d'autres personnes qui sont dans la même situation et construire une filet de sécurité psychologique.

Coaching, mentoring et networking sont trois des secrets les mieux gardés du succès.

Conduite à Tenir

Une entreprise forte, en bonne santé et rentable est une entreprise Gagnant-Gagnant. Le client sera toujours au coeur de l'entreprise (ce dont il a besoin ou ce qu'il veut pour résoudre ses problèmes, pour répondre à ses désirs). Rappelez-vous que les préceptes suivants seront toujours la base d'une entreprise solide :

- Donnez quelquechose qui a de la valeur.
- Rendez les choses simples: à comprendre, à faire, à aimer.
- Ecoutez vos clients et connaissez-les parfaitement.
- Connaissez ce qui vous réussit et continuer à le faire.
- Soyez honnête.
- Encouragez un service client d'exception.

Si vous avez une vision de la manière dont vous pouvez aider les autres à gagner, et que vous la suivez avec intégrité, alors vous aussi, vous gagnerez.

POINTS D'ACTION : LA SAGESSE ENTREPRENEURIALE

☐ Faites du marketing tous les jours.

☐ Faites un point régulier de votre marketing.

☐ Rappelez-vous la règle du 80-20.

☐ Assurez-vous d'avoir la structure tarifaire optimale.

☐ Tout repose sur le savoir.

☐ Attendez-vous à changer vos plans.

☐ Faites-vous aider de coachs ou de mentors.

☐ Systématisez tout dans l'entreprise, depuis les services, jusqu'au marketing, pour améliorer votre efficacité et répondre aux attentes de vos clients à chaque fois.

☐ Gérez votre entreprise en appliquant les principes Gagnant-Gagnant.

Ressources et lectures recommandées

Le Succès selon Jack – Jack Canfield

Le Millionaire Minute - Mark Victor Hansen and Robert G. Allen

La magie de voir grand – David Schwarz

Réfléchissez et devenez riche – Napoleon Hill

Comment se faire des amis – Dale Carnegie

Les mots magiques qui vous enrichissent - Ted Nicholas

Le point de bascule – Malcolm Gladwell

L'innovation, un cercle vertueux – Tom Peters

Permission Marketing – Seth Godin

Les 7 habitudes des gens efficaces – Stephen Covey

Vendre l'invisible – Harry Beckwith

Ouvrages en anglais :

Words the sell – Richard Bayan

The Ultimate Sales Letter– Dan Kennedy

How to Make Millions with your Ideas; An Entrepreneur's Guide – Dan Kennedy

The E-Myth – Michael Gerber

The Business Rules – Eichenbaum

Love is the Killer App – Tim Sanderson

A Complaint is a Gift – Janelle Barlow et Claus Moller

The Experience Economy – Josephine et James Gilmore

What the CEO Wants You to Know –Ram Charan

The Non Designer's Design Book – Robin Williams

www.amyfoxwell.com

Campagnes Emailing :

- www.sarbacane.com
- www.mailchimp.com

Sondages :

- www.surveymonkey.com

Créer des livres en autopublication :

- www.lulu.com
- www.jepublie.com

Recherche de mots clés :

- www.wordtracker.com

Analyses statistiques de site internet :

- Google Analytics

Logiciels de gestion de relation client

- www.act.com
- www.goldmine.com

Assistants virtuels

- www.votreassistantvirtuel.com

Annuaire de freelances :

- www.freelance.com

Offre Spéciale

En tant que lecteur, vous bénéficiez d'une offre spéciale : un audit gratuit de votre entreprise basé sur notre système de coaching Gagnant-Gagnant. Le Système Marketing Gagnant-Gagnant est constitué de différents niveaux de ressources pour vous aider à accroître vos bénéfices, obtenir de nouveaux clients, trouver de nouvelles sources de revenus et faire grandir votre entreprise. Si vous avez apprécié la lecture de ce livre, n'hésitez pas à prendre contact avec notre équipe pour connaître de quelle manière nous pouvons vous aider à atteindre vos objectifs d'entreprise, rapidement, facilement et à un prix abordable.

Pour plus d'informations, envoyez-nous un email à : info@foxwellassociates.com, en précisant que vous êtes intéressé par un audit gratuit avec l'équipe Win Win Marketing et en stipulant le code promotionnel AUDIT.

N'oubliez pas de visiter notre site internet www.amyfoxwell.com où vous trouverez de nombreuses documentations gratuites supplémentaires. Enregistrez-vous en écrivant à info@foxwellassociates.com pour recevoir notre newsletter mensuelle avec des informations complémentaires actualisées, des idées et des offres spéciales, directement dans votre boîte mail.

Nous Mettons en Pratique ce que nous Prêchons

Nous sommes convaincus qu'écouter nos clients et qu'une mentalité Gagnant-Gagnant entre collaborateurs sont des outils puissants. Si vous avez des idées, des commentaires, des suggestions, ou un retour quel qu'il soit, n'hésitez pas à nous en faire part à : info@foxwellassociates.com. Si vous pensez que votre expérience personnelle peut être bénéfique à d'autres chefs d'entreprises ou si vous avez mis en place des actions grâce à la méthodologie du marketing Gagnant-Gagnant qui vous ont apporté de bons résultats, faites-nous en part. Chez Win Win Marketing, nous sommes toujours heureux de travailler en équipe.

Au Sujet de l'auteur

Gérante de l'entreprise Foxwell Associates et créatrice d'une série de Systèmes Marketing Gagnant-Gagnant, Amy Foxwell est reconnue en tant qu'experte dans le domaine du Marketing Client. Pendant plus de 15 ans, elle a travaillé dans le monde entier pour de grands comptes tels que Microsoft, Disney, AOL, Vivendi, Channel 4, mais aussi pour développer des start-ups des petites entreprises et mettre en application le marketing orienté client. Elle est membre de nombreux réseaux d'entrepreneurs et intervient régulièrement en tant que conférencière sur des thématiques liées au marketing.

L'attachement de Mlle Foxwel au client est particulièrement d'actualité dans le contexte actuel. Son message est attractif, pragmatique et immédiatement applicable. L'objectif est d'aider les petites et grandes entreprises à se developper à long-terme en faisant ce qui est le mieux pour le client. Avec le sentiment fort que les entreprises florissantes centrée client sont la colonne vertébrale d'une société solide et heureuse, aider les chefs d'entreprise à mettre en place un système marketing Gagnant-Gagnant est devenu sa priorité.

Elle est l'auteur de plusieurs guides marketing et de systèmes marketing spécifiques, tels que le Système Marketing Gagnant-

www.amyfoxwell.com

Gagnant pour les petites entreprises et le Système Marketing Gagnant-Gagnant pour les restaurants.

Foxwell Associates a ses bureaux en France et aux Etats-Unis. Amy Foxwell vit dans le sud de la France avec son partenaire Jean Sébastien et ses deux enfants, Dryden et Rostaing.

Si vous souhaitez qu'Amy Foxwell fasse une étude de votre organisation ou si vous souhaitez recevoir plus d'informations sur les services innovants de marketing et de développement d'entreprise de Mlle Foxwell, écrivez-nous à info@foxwellassociates.com, ou par voie postale à Foxwell Associates, Chemin de Pierre Grosse, 13530 Trets-en-Provence, France.

Pour plus d'informations et pour accéder à des ressources sur l'entreprise et des idées marketing gratuites, visitez notre site web : www.amyfoxwell.com

Index

Notes

Notes